U0660745

王叔岷著作集

慕廬論學集

二

中華書局

圖書在版編目(CIP)數據

慕廬論學集.2/王叔岷撰.—北京:中華書局,2007.10
(王叔岷著作集)
ISBN 978-7-101-05856-7

Ⅰ.慕… Ⅱ.王… Ⅲ.社會科學-文集 Ⅳ.C53

中國版本圖書館 CIP 數據核字(2007)第 143588 號

《世説新語補正》、《文心雕龍綴補》、《顔氏家訓斠注》原由藝文印書館出版,現授權中華書局印行大陸版。
圖字:01-2007-2948、2947、2946 號

責任編輯:王 芳

王叔岷著作集
慕廬論學集(二)
王叔岷 撰
*
中 華 書 局 出 版 發 行
(北京市豐臺區太平橋西里 38 號 100073)
http://www.zhbc.com.cn
E-mail:zhbc@zhbc.com.cn
北京市白帆印務有限公司印刷
*
700×1000 毫米 1/16 · 31¼印張 · 300 千字
2007 年 10 月第 1 版 2007 年 10 月北京第 1 次印刷
印數:1-3000 册 定價:78.00 元

ISBN 978-7-101-05856-7

王叔岷著作集出版説明

王叔岷先生，號慕廬，一九一四年生，四川簡陽人。幼習詩書，及長，喜讀莊子、史記、陶淵明集，兼習古琴。一九三五年，就讀於四川大學中文系，一九四一年考入北京大學文科研究所，師從傅斯年、湯用彤先生。後任職於中央研究院歷史語言研究所。一九四九年後，出任臺灣大學中文系副教授、教授。一九六三年後，先後任教於新加坡大學、臺灣大學、馬來西亞大學、新加坡南洋大學等校。一九八四年，自中研院史語所及臺灣大學中文系退休，仍擔任史語所兼任研究員及中國文哲所籌備處諮詢委員。

王叔岷先生治學，由斠讎入義理，兼好詞章，尤精研先秦諸子，遍校先秦漢晉群籍，撰有專書近三十種，論文二百餘篇，是海内外廣受推崇的斠讎名家。限於各種條件，王叔岷先生的著作在大陸已難於覓得。爲滿足學術界研究之急需，承蒙王叔岷先生及其女公子臺灣大學中國文學系王國瓔教授慨允，並得到中研院史語所、中國文哲所及華正書局、藝文印書館、大安出版社、世界書局等機構的大力支持，將王叔岷先生此前出版的重要學術成果授權中華書局以著作集的形式整體推出。在此，謹向王叔岷先生、王國瓔教授及上述各機構，表示誠摯的謝意。

王叔岷著作集所選擇使用的版本，根據初版日期，依次如左：

諸子斠證，世界書局，一九六四年四月初版。

斠讎學（補訂本），史語所專刊之三十七，一九五九年八月初版，一九九五年六月修訂一版。

劉子集證，史語所專刊之四十四，一九六一年八月初版，一九七五年十一月再版。

陶淵明詩箋證稿，藝文印書館，一九七五年一月初版。

世説新語補正，藝文印書館，一九七五年九月初版。

文心雕龍綴補，藝文印書館，一九七五年九月初版。

顔氏家訓斠注，藝文印書館，一九七五年九月初版。

莊學管窺，藝文印書館，一九七八年三月初版。

慕廬演講稿，藝文印書館，一九八一年十二月初版。

史記斠證（全十册），史語所專刊之七十八，一九八三年十月初版。

校讎學别録，華正書局，一九八七年五月初版。

莊子校詮（全三册），史語所專刊之八十八，一九八八年三月初版，一九九四年二月再版。

慕廬雜著，華正書局，一九八八年三月初版。

古籍虚字廣義，華正書局，一九九〇年四月初版。
先秦道法思想講稿，文哲所中國文哲專刊之二，一九九二年五月初版。
鍾嶸詩品箋證稿，文哲所中國文哲專刊之一，一九九四年三月初版。
列仙傳校箋，文哲所中國文哲專刊之七，一九九五年四月初版。
左傳考校，文哲所中國文哲專刊之十四，一九九八年四月初版。
慕廬雜稿，大安出版社，二〇〇一年二月初版。

共計十九種三十册。自一九六四年諸子斠證出版，至二〇〇一年慕廬雜稿問世，時隔近四十年，各書體例不一，標點各異，本次結集，除王叔岷先生親筆校改之處、明顯因排版導致的衍、誤、錯字及紀年、標綫不清之處，予以必要的改正外，其餘基本保持原貌。

爲便於讀者使用，在徵得王叔岷先生同意後，將慕廬雜著、慕廬演講稿、慕廬雜稿、世説新語補正、文心雕龍綴補、顔氏家訓斠注彙編成慕廬論學集，油印本吕氏春秋校補亦予以收録，彙編後的慕廬論學集擬分二册。

另外，原莊子校詮的附録部分、諸子斠證附録淮南子與莊子、先秦道法思想講稿附録黄老考，歸入莊學管窺；劉子集證原版以雙行夾注排版，爲便於閲讀，改爲單行，標點按通行規範重新標加，不加專名綫。華正書局一九九三年十二月曾出版王叔岷先生的回憶録慕廬憶往，此次不收入著作集中，將單行出版。原慕廬雜稿所收傅斯年先生百歲誕辰紀念恭述所憶、整理先君耀卿公遺稿記及其附録王國瓔教授所撰淡泊名利之外，謹守規矩之中——我的父親王叔岷等三篇文章亦歸入慕廬憶往。

中華書局編輯部　二〇〇七年三月

王叔岷著作集書目

諸子斠證
莊子校詮（全二册）
莊學管窺
左傳考校
先秦道法思想講稿
史記斠證（全五册）
列仙傳校箋
陶淵明詩箋證稿
鍾嶸詩品箋證稿
劉子集證
斠讎學（補訂本）　校讎學別録

王叔岷著作集書目

古籍虛字廣義

慕廬論學集(一)

慕廬演講稿　慕廬雜著　慕廬雜稿

慕廬論學集(二)

呂氏春秋校補　世說新語補正　文心雕龍綴補　顏氏家訓斠注

目録

呂氏春秋校補……………………一
世説新語補正……………………一七三
文心雕龍綴補……………………三一一
顔氏家訓斠注……………………三七三

吕氏春秋校補

呂氏春秋校補

王叔岷

昔寓西川李莊，校釋莊子之暇，兼治呂覽，常有創獲，足補前脩之未備。積稾凌亂，未及董理，棄之行篋，已六載矣。世亂年荒，客居寡趣，聊復編錄舊稾，以備遺忘云爾。三十七年暮秋記於金陵。

孟春紀

魚上冰。注：魚，鯉鮒之屬也。應陽而動，上負冰。

案注言「上負冰，」是正文冰上原有負字。淮南子時則篇正作「魚上負冰。」注：「魚應陽而動，上負冰也。」亦與此合。大戴禮夏小正篇作「魚陟負冰，」亦有負字。

本生

夫水之性清，土者抇之，故不得清。注：抇讀曰骨，骨，濁也。

俞樾云：「此注必有錯誤，下文曰：「人之性壽，物者抇之，故不得壽。」注曰：「抇，亂也。」抇字既見於前，不應又注於後，疑此文「土者抇之，」本作「土者滑之，」高注「抇讀曰骨，」本作「滑讀曰骨。」」案俞說是也，亢倉子全道篇抇正作滑。淮南子俶眞篇：「水之性眞清，眞字衍。而土汩之，」孔叢子抗志篇：「夫水之性清，而土壤汩之，」滑汩同義。本字作淈，說文：

「淈，濁也。」劉子新論防慾篇：「水之性清，所以濁者，土渾之也。」文義亦同。

今世之人惑者，

案人字疑衍，上文「今世之惑主，」與此句法同。亢倉子正無人字。

共射其一招。

畢沅云：「其字衍。」孫人和云：「御覽三四七引正無其字。」案亢倉子亦無其字，「共射一招，」與下文「以害一生，」「以便一生，」句法並一律。

若天地然。

案注：「其德如天，無不覆；如地，無不載。」疑正文若上原有德字，亢倉子正作「德若天地然。」

肥肉厚酒，務以相彊。

畢沅云：「孫據御覽八四五改相彊為自彊，與前後句法正同。」案蔡夢弼杜工部草堂詩箋補遺四，引相亦作自。

重己

足以辟燥溼而已矣。

案舊校云：「辟，一作備。」與注「足以備之而已」合。俗讀辟備聲相亂，故二字多互訛，本書節喪篇：「慈親孝子避之者，得葬之情矣。善棺椁，所以避螻蟻蛇蟲也。』舊校云：『避，一作備。』淮南子主術篇：『闔門重襲，以避姦賊，』文選張平子西京賦注引作備，脩務篇：『衝蘆而翔，以備矰弋，』六帖九四引作避，辟避古今字。皆其比。御覽七百二十引作『足以辟燥備溼而已矣，』蓋由辟，一作備，寫者因誤竄備字於溼字上耳。

貴公

仲父之病矣。

案病字當疊，管子小稱篇、莊子徐无鬼篇、列子力命篇，皆作『仲父之病病矣。』晏子春秋內篇諫上：『寡人之病病矣，」與此句法同。或病上當有疾字，本書知接篇正作「仲父之疾病矣。」（元纂圖互注本世德堂本列子，並作「仲父之病疾矣，」「病疾」乃「疾病」之誤到。說詳列子補正。）管子戒篇作「仲父之疾甚矣，」「疾病」猶「疾甚」也。說文：病，疾加也。

去私

四時無私行也。

畢沅云：「舊校云：『行，一作為。』孫案御覽四二九正作為。」案治要引行亦作為。

貴生

惟不以天下害其生者也，可以託天下。

案御覽八十引無也字，慎子外篇同。也字當在下句『天下』下，莊子讓王篇作『惟无以天下為者，可以託天下也，』是其明證。

鹿布之衣。

洪頤煊云：『鹿即麤字之省。』案冊府元龜八百九引鹿作麄，麄即麤之俗。

今世俗之君子，危身棄生以徇物。

案危身上當有多字，上文『世之人主，多以富貴驕得道之人，』本生篇：『今世之惑主，多官而反以害生，』

『今世之惑者，多以性養物，』勸學篇：『今世之說者，多弗能兌而反說之，』侈樂篇：『世之人主，多以珠玉戈劍為寶，』振亂篇：『今世之學者，多非乎攻伐，』離謂篇：『今世之人，多欲治其國，』適威篇：『今世之人主，多欲眾之而不知善，』皆與此文例同。莊子讓王篇正有多字。

案六帖七引作『以其所用重，而所要輕也。』十四引所要上亦有而字。莊子作『則其所用者重，而所要者輕也。』

當染

而佚於官事。

案墨子所染篇官事作治官。

非獨國有染也，

案墨子此下更有「士亦有染」四字，當從之。「非獨國有染也，士亦有染，」與上文「非獨染絲然也，國亦有染」對言，下文所述，即「士亦有染」之事，今挩此四字，則文意不完矣。

季春紀

生者畢出。

畢沅云：『舊校云：「生，一作牙。」案牙字是，月令作句。』案淮南子時則篇亦作句。

論人

止則觀其所好。

案治要、長短經知人篇，引止並作近。

哀之以驗其人。

俞樾云：『人當讀為仁。』劉師培云：『治要引人作仁。』案長短經引人亦作仁。

孟夏紀

王菩生。

注：「菩，或作瓜。」案月令、淮南子時則篇，菩竝作瓜。

糜草死。

畢沅云：「糜，月令作靡。」案淮南子亦作靡。

仲夏紀

無燒炭。

畢沅云：「月令作無燒灰。」案淮南子時則篇亦作「無燒灰。」

大樂

萬物安寧。

畢沅云：「物，御覽作民。」案治要引物亦作民。有知不見之見，不聞之聞，無狀之狀者，則幾於知之矣。案知之當作知道，注：「有人能是，近於知道也，」可證。上文多之字，故道誤為之。

俞樾云：「擇乃釋字之誤。」案俞說非也。擇釋古通。本書察今篇：「故擇先王之成法，」舊校云：「擇，一作釋。」莊子讓王篇：「顏回擇菜，」御覽四八六引作釋，竝其比。

先聖擇兩法一。

適音

心必樂，然後耳目鼻口有以欲之。

案必字疑涉上文「心必和平」而衍，治要引無心字。

觀其音而知其俗矣。

案觀當作聽，淮南子主術篇：「聽其音則知其俗，」文子精誠篇作「聽其音則知其風。」即本此文，字正作聽。今本觀字，疑涉下文「觀其政」而誤。音初篇：「是故聞其聲而知其風，」注：「風，俗。」聞猶聽也，可為旁證。

制樂

召子韋而問焉。

案治要引焉作之，論衡變虛篇同。

北面載拜。

案治要引載作再，淮南子道應篇、新序雜事篇、論衡變虛篇皆同。載再古通。

煢惑有三徙舍。

案畢沅本據淮南子、新序，改有為必，是也。論衡有亦作必，今本有字，涉上文兩有字而誤。

夫有以饐死者，欲禁天下之食，悖。

案治要引饐作食，悖下有矣字。（引下文悖下亦竝有矣字。）疑饐下原有食字，饐食，與下文乘舟，用兵對言。亢倉子兵道篇作「夫有以咽藥而死者，欲禁天下之醫，非也。」咽饐古通，亦可證此文饐下有挩文。

夫兵不可偃也。

案書鈔一一三、治要，引兵下竝有之字。亢倉子作「夫兵之不可廢，」亦有之字。

善用之則為福，不能用之則為禍。

案善當作能，能與不能對言，注：「傳曰：能者養之以求福，不能者敗之以取禍，」尤其明證。疑能字先涉上文「若水火然」而誤為若，寫者復臆改為善耳。亢倉子作「善用之則為福，不善用之則為禍，」蓋不知上句善本作能，乃改下句不能為不善也。

懷寵

能生死一人。

王念孫云：『疑當作：能生一死人。』案亢倉子兵道篇作『能生死人一人，』此文死下蓋挩人字。

仲秋紀

穿竇窌。

案月令、淮南子時則篇，窌竝作窖，說文：窌，窖也。

無或失時，行罪無疑。

畢沅云：『無或，當從淮南作若或。如從月令作「無或失時，」則下「其有失時」句，亦不可去。」案「無或失時」下，當從月令補「其有失時」四字，淮南子「無或」作「若或，」蓋後人不知時下有捝文，乃妄改無為若耳，不可從。節泮林云：「朱子所見本，「無或失時」下，有「其或失時」四字，」是也。「其或」猶「其有」也。

四方來雜。

畢沅云：「雜，月令作集。」案淮南子雜亦作集

行夏令，則其國旱。

案月令、淮南子，旱上並有乃字，當據補。孟秋紀：「

行春令，則其國乃旱，』仲冬紀：『仲冬行夏令，則其國乃旱，』竝可證此文挩乃字。

論威

窅窅乎冥冥，莫知其情。

畢沅云：『窅窅乎冥冥，疑窅字不當疊。』案畢說非也。舊有音云：『窅音窈。』窅字當疊，但衍乎字耳。淮南子兵略篇：『窈窈冥冥，孰知其情？』卽本此文，正無乎字。淮南子主術篇：『窈窈冥冥，不知為之者。』亦可證此文衍乎字。

冉叔誓必死於田侯。

案必字疑涉下文「必死」而行，「冉叔誓死於田侯，」與下文「豫讓必死於襄子，」「成荊致死於韓主，」句法一律。

決勝

敵孤獨，則上下虛，民解落，孤獨則父兄怨，賢者誹，亂內作。

案「孤獨則父兄怨」句，「孤獨則」三字，疑涉上文而衍，「敵孤獨，則上下虛，民解落，父兄怨，賢者誹，亂內作，」文意一貫，下文文例亦同。

愛士

甚如饑寒。

案治要引甚作多。

陽城胥渠處。

陳昌齊云：「處當作疾，蓋處與疾形近，又下文有「陽城胥渠處無幾何」句，遂訛。」案陳說是也。注：「處猶病也，」處亦疾之誤，下文「主君之臣，胥渠有疾，」即本此疾字而言。梁玉繩俞樾竝不知處是誤字，而以「陽城胥渠處」連下「廣門之官」為句，非也。

季秋紀

師旅必興。

案注：「故師旅竝興，」是正文必原作竝，淮南子亦作「師旅竝興，」注同。

審己

水出於山，而走於海。

注：「走，歸。」案意林引走正作歸。

君之賂以欲岑鼎也，以免國也。

俞樾云：「此當作「君之賂以岑鼎也，欲以免國也。」欲字誤移在上句，則文不成義。」案俞說未審，舊校云：「賂，一作欲。」新序節士篇亦作欲。疑此文本作「君之賂以岑鼎也，以免國也。」因賂一作欲，寫者遂誤竄欲字於

『賂以』下耳。

且柳下季可謂此能說矣。

案此當作『且柳下季可謂有信矣，』故注云：『柳下季有信。』新序節士篇作『柳下惠可謂守信矣，』可為旁證。今本此字涉上『此臣之所難也』而衍，能字涉下『又能存魯君之國』而誤，信又訛為說，義遂不可通矣。

精通

其根不屬也，伏苓是。

案意林引也作耳，是下有也字。洪興祖楚辭山鬼補注引也作地，是下亦有也字。

慈石召鐵。

案一切經音義三一，五一，引召上並有能字。

聖人南面而立。

案意林引聖人上有猶字。

周有申喜者，亡其母。

案淮南子說山篇注用此文，亡上有少字。

一體而兩分。

畢沅云：『李善注文選曹子建求自試表，謝希逸宣貴妃誄，皆作一體而分形。』案文選注引是也，一體與分形對言，今本衍兩字，捝形字。御覽五七一引作『一體而分得，』得亦當作形。

雖異處而相通。

案御覽引異作離。

節喪

慈親孝子避之者，

舊校云：『避，一作備，下同。』案治要引避正作備，

備即避之聲誤。

安死

趙魏韓皆亡矣，其皆故國矣。

畢沅云：『續志注作趙韓魏皆失其故國矣。』案治要引

亦作「趙魏韓皆失其故國矣，」當從之。今本亡字涉上文「亡矣」而衍，上矣字涉上文「亡矣」而誤，下皆字涉上皆字而衍。

楚越之間，有寑之丘者。異寶

案書鈔三八引楚越作越荆，與下文一律。畢沅云：「列子說符篇，淮南人間訓，皆作寑邱，無之字，史記滑稽列傳正義引此同。」册府元龜八九八引此亦無之字，下同。但有之字乃古本之舊，舊鈔本文選王仲寶褚淵碑文注引列子有之字，淮南子下文亦有之字。

必無受利地。

案冊府元龜七三五引必上有汝字，是也。

荊人畏鬼，而越人信禨。

案書鈔，冊府元龜七三五引並無畏、信二字。淮南子，列子並同。

而子辭。

畢沅云：「後漢書作其子辭。」案冊府元龜八九八引亦作「其子辭，」七三五引而字在辭字下。疑此文本作「其子辭而不受，」今本而字誤錯在子字上，又挩其字及不受二字耳。淮南子正作「其子辭而不受。」列子作「

子辭而不受，』蓋挩其字。

請寢之丘。

案列子此下有「與之」二字。

故至今不失。

案書鈔引此上有「其子受之」四字。

知不以利為利矣。

陶鴻慶云：「『不以利為利』，當作『以不利為利』，今本以『不』二字誤倒。」案陶說是也，册府元龜七三五引

不以正作以不。

知以人之所惡為己之所喜。

案冊府元龜七三五引喜善原誤。下有矣字，與上文句法一律。

異用

周文王使人相池。

案意林、御覽八四，引池並作地。

澤及髊骨。

案意林引作「澤及於枯骨，」御覽引「髊骨」亦作「枯骨。」

仲冬紀

水泉減竭。

畢沅云：「月令減作咸，古通用。」案淮南子減亦作咸。

至忠

殺隨兕者，不出三月。

案『不出三月，』文意不明。據注：『比三月必死，故曰不出也。』疑三月下原有不死二字，說苑立節篇正作『不出三月必死。』

忠廉

射之矢，

案矢疑矣之壞字。

摯執妻子。

案此當作「摯其妻子，」或作「執其妻子，」摯執古通。今本作「摯執妻子，」蓋一本摯作執，寫者因竝涵入，又奪其字耳。文選鄒陽獄中上書注引正作「執其妻子。」

有所於使，瞿人攻衛。

案韓詩外傳七作「受命而使，未反，而狄人攻衛，」新序義勇篇作「遠使未還，狄人攻衛，」瞿狄古通。此文「有所於使」下，疑捝「未還」或「未反」二字。下文言「弘演至，」「至」與「未還」或「未反」相應。

臣請為襮。

注：「褾，表也。」案新序褾正作表。

先出其腹實，內懿公之肝。

案外傳此下有「乃死」二字，新序此下有「而死」二字，乃猶而也。此文無「而死」或「乃死」二字，文意未完，當據補。

可謂有功矣。

案外傳功上有大字。

齊之好勇者，

當務

案意林引之作人。

因抽刀而相啖。

案意林引抽刀上有各字，抽刀下有自割二字。

長見

秦日益大，此吳起之所先見而泣也。

案觀表篇作「魏日以削，秦日益大，此吳起之所以先見而泣也。」「魏日以削，」與「秦日益大」對言，且與上文「魏從此削矣」相應，所下有以字，文意亦較完，當據補。

公叔之疾，嗟疾甚矣。

案此當作「公叔之疾甚矣，」嗟疾二字衍，管子戒篇：

「仲父之疾甚矣，」與此句法同。畢沅云：「御覽兩引皆作『公叔之病甚矣。』」蓋所據本疾作病也。

以公叔之賢，

案御覽六三二引以上有夫字，下文「夫公叔死，」無夫字，是也。今本夫字錯在下文「公叔死」上，不詞，御覽四四四引下文亦無夫字。

季冬紀

天子乃與卿大夫飭國典。

畢沅云：「月令『與公卿大夫共飭國典，』多公字共字。」案淮南子時則篇卿上亦有公字。

士節

織屨履。

案舊校云：『一作葩履。』畢沅據尊師篇定作笣屨，是也。葩即笣之誤。作『屨履』者，蓋屨一作履，寫者因並涵入，又挩笣字耳。晏子春秋雜上篇作履，亦挩笣字。

而當乞所以養母焉。

案晏子春秋雜上篇、說苑復恩篇，當並作嘗。當嘗古通，莊子田子方篇：『嘗與汝登高山，』列子黃帝篇作當，荀子君子篇：『先祖當賢，後子孫必顯，』注：『當或為嘗，』史記西南夷傳：『嘗擊南越者八校尉，』漢書作當，皆其比。畢沅以當為訛字，從說苑改為嘗，疏矣。

必見國之侵也，不若先死。

案晏子春秋作『方見國之必侵，不若死。』死上疑捝先字。俞樾謂方乃與字之誤，是也。劉師培謂此文舊本必字當在侵上，亦是也。必侵二字即承上文必侵而言，惟見上舊本亦當有與字，（說苑作『方必見國之侵也，不若先死』，亦當定作『與見國之必侵也，不若先死。』）本書誠廉篇：『與其竝乎周以漫吾身也，不若避之以潔吾行。』又見莊子讓王篇，彼文今本捝與字。貴直篇：『與吾得革車千乘也，不如聞行人燭過之一言。』又見韓子難二篇。莊子大宗師篇：『與其譽堯而非桀也，不如兩忘而化其道。』外物篇『化其道』作『閉其所譽。』淮南子主術篇：『與其譽堯而毀桀也，不知掩聰明而反脩其道也。』皆與此句法同。『與』與『不若』（作『不如』同。）相應，今本捝與字，則文意不完矣。

其友因奉以託，其友謂觀者曰：

案晏子春秋無下其友二字。

乘驛而自追晏子。注：驛，傳車也。

畢沅云：「驛，李本作馹。」案晏子春秋亦作馹。注既訓傳車，則作馹是。馹爲傳車，驛爲馬騎，俗多相涵，非也。

誠廉

丹可磨也。注：磨猶化也。

舊校云：「磨，一作䃺，注亦同。」案䃺磨古通，莊子人間世篇：「凡交近則必相䃺以信，」御覽四百六引作磨，列子說符篇：「彊食䃺角，」御覽四二一引作磨，竝其比。作䃺是故書。

昔周之將興也，有士二人，處於孤竹，曰伯夷、叔齊。注：

孤竹國在遼西，殷諸侯國也。

案冊府元龜八百五引注也下更有『伯夷、叔齊，其二子也』八字。

似將有道者。

案冊府元龜引者下有也字。

則文王已歿矣。

案冊府元龜引此下有注云：歿，終也。

又使保召公就微子開於共頭之下。注：共頭，水名。

松皋圓云：『注水名當作山名。』案冊府元龜引注正作『山名。』名下有也字。

相奉桑林，宜私孟諸。注：相猶使也，為私邑也。

案冊府元龜引注猶作言，為上有以字。

時祀盡敬，而不祈福也。

案路史餘論一引福作喜，莊子讓王篇同。俞樾云：「喜當作禧，爾雅釋詁：禧，福也。」是也。冊府元龜引也作焉，焉猶也也。

不以人之壞自成也。

畢沅云：「壞，宋邦乂本作壤，壤亦傷也。」案畢說非也，壤乃壞之形誤。冊府元龜引作壞，莊子同。

不以人之庳自高也。

案冊府元龜引庳作卑，庳與卑同，莊子亦作卑，也下有

『不以遭時自利也』七字。

今周見殷之僻亂也，

案亂字衍。莊子作『今周見殷之亂，』疑後人據之記亂字於僻字旁，傳寫遂溷入正文耳。册府元龜引正無亂字。竝引注云：僻，邪也。

阻丘而保威也。

畢沅云：『阻丘疑是阻兵。』梁玉繩云：『莊子讓王政作阻兵。』案册府元龜引此文亦作阻兵，丘即兵之壞字。也字疑衍，『阻兵而保威，』與上下文句法一律，文意一貫，莊子正無也字，上文多也字，故此句誤衍也字耳。

是以亂易暴也。

案冊府元龜引作『是亂以易亂，暴以易暴也。

遭乎亂世，不為苟在。

案莊子遭作遇，此文作遭，與上文複。冊府元龜引在作存，莊子亦作存。

二子北行，至首陽之下而餓焉。

案行字疑涉上『以潔吾行』而衍，莊子正無行字，又下作山，『而餓焉』作『遂餓而死焉。』冊府元龜引此文下亦作山，餓下有死字，今本挩死字，文意不完，當據補。

有始覽

西北曰幽天

案編珠一引西北下有方字，下文「西南曰朱天，」「東南曰陽天，」西南下，東南下，亦竝有方字，淮南子天文篇同。據此，則上文「東北曰變天，」東北下亦當有方字，文乃一律，今本淮南子東北下亦挩方字。

應同

安知其所？

案「安知其所，」文意不完，注：「不知其所由也，」

疑正文所下原有由字，召類篇作『焉知其所由？』今本焉下衍不字。尤其明證。

困天之威。

舊校云：『威，一作道。』案淮南子繆稱篇威亦作道。

霸者同力。

畢沅云：『文子淮南竝作同功。』案文子上仁篇作同功，淮南子泰族篇仍作同力，畢氏失檢。

去尤

相其谷而得其鈇。

案畢沅據列子說符篇改相為抇，是也。治要，長短經忠疑篇，引拊竝作搵，拊卽古搵字。舊校云：「一作：拑其舌而得其鈇，」「拑其舌」亦「拊其谷」之誤。

動作態度，無似竊鈇者。

案長短經引者下有也字。

已則變矣。變也者無他，有所尤也。

案長短經引作「已則變之，變之者無他，有所尤矣。」治要引同，惟尤矣仍作尤也，矣猶也也。

公息忌謂邾君曰：不若以組。

案初學記二二引此下有注云：以組連甲。其家多為組也。

案長短經引「其家」下有「為甲裳」三字。

於是復下令，令官為甲無以組。

案治要、長短經、御覽三五六，引於是下並有乎字，令官，令並作上，今本作令，蓋涉上令字而誤，御覽八一九引亦作上官。

為甲以組而便。

案長短經引作「鄰之故，為甲以組而便也。」故下疑挩法字，引上文「鄰之故法，為甲裳以帛，」亦挩法字，可作引此文挩法字之證。

公息忌雖多為組，何傷也？

案御覽三五六，八一九，引傷竝作損。

公息忌雖無組，

畢沅云：『孫云：「御覽三百五十六作：雖無為組。」孫人和云：『組上當有為字，與上下文義亦相應，治要引正有為字，御覽八百十九同。』案長短經引組上亦有為字。

魯有惡者，其父出而見商咄。

注：『惡，醜。』案意林引惡正作醜，見下有美者二字尤爭愛也。

案意林引作『愛子不知其醜也。』

以鈎殺者戰。

畢沅云：『殺字無考。』案陳碧虛莊子音義引江南古藏本亦作殺。

外有所重者泄，蓋內掘。

陳昌齊云：『泄字疑為也字之訛。』案泄字疑衍，蓋先涉上文『必外有所重者也』而衍也字，寫者因將也字點去作池，傳寫遂誤為泄字耳。莊子達生篇作『凡外重者內拙，』列子黃帝篇作『凡重外者拙內，』竝可證此文衍泄字。

見其所嘗見物於中國者而喜矣。

案莊子徐无鬼篇中國作國中。

聽言

夫去人滋久，

案莊子作「不亦去人滋久，」文意較長。

謹聽

諄而不足以舉。

陶鴻慶云：「舉當讀為與，異寶篇云：『其主俗主也，不足與，』義與此同。」案陶讀舉為與，是也。惟舉上有以字，不詞，疑涉上文兩以字而衍，異寶篇云云，亦可證。

故當今之世，求有道之士，則於四海之內，山谷之中，僻遠幽閒之所。

案觀世篇「四海之內」作「江海之上，」當從之，「江海之上，山谷之中，」文意一律，「四海之內，」非「僻遠幽閒之所」也。文選江文通雜體詩注、謝靈運入華子岡詩注、陶淵明歸去來辭注、任彥昇齊竟陵文宣王行狀注，竝引淮南王莊子略要云：「江海之士，山谷之人，輕天下，細萬物，而獨往者也，」莊子刻意篇亦有論「山谷之士」與「江海之士」之文。則求有道之士，必於「江海之上，山谷之中，」

』明矣。陳昌齊云：『元刻劉節軒校本，内作上，』上字尚存此文之舊。

務本

功大也。

案也上當有故字，與下文『無公故也，』治要引公作功，務大篇同，公功古通。句法一律，務大篇正作『功大故也。』

此所以欲榮而愈辱，欲安而益危。

舊校云：『益，一作愈。』案治要引益正作愈。務大篇兩愈字竝作逾，逾愈古通。

孝行覽

凡為天下，治國家，必務本而後末。

案初學記十七引「治國家」下有者字，「必」下有先字。

貴德，貴貴。

案治要引作「貴貴，貴德。」下文「所謂貴德，為其近於聖也，」與「所謂貴貴，為其近於君也，」亦互錯。

所謂貴德，

案治要引「所謂」作「所為」，下同，為猶謂也。禮記祭義作「貴有德，何為也？」為亦猶謂也。

本味

有侁氏女子採桑。

注：『侁讀曰莘。』案列子天瑞篇注、藝文類聚八八，引侁並作莘。

獻之其君，其君令烰人養之。

案藝文類聚引獻之下有於字，養作乳。注：『烰猶庖也，』列子注引烰正作庖。

其母居伊水之上，孕。

案列子注引孕上有旣字。

此伊尹生空桑之故也。

舊校云：『生，一作出。』案御覽四百二引生正作出。

以伊尹為媵送女。

案御覽引以作使。

終身不復鼓琴，以為世無足復為鼓琴者。注：『故曰：為世無足為鼓琴也。』

孫人和云：『下復字涉上復字而衍，高注云云，是正文為上無復字明矣。類聚四四、御覽五七七、五七九引，竝無此字。』案孫說是也。外傳九、說苑尊賢篇，亦竝無下復字。

賢奚由盡忠？

案賢下當有者字，上文可照。注：『賢者何用盡其忠乎？』是正文原有者字。說苑作『賢者奚由盡忠哉？』尤其明證。外傳作「則賢者將奚由得遂其功哉？」亦有者字。

猶御之不善，驥不自千里也，

案說苑作「驥不自至千里者，待伯樂而後至也。」此文「驥不自千里，」文意不明，自下疑挩至字。

其名曰嘉樹。

案齊民要術十、藝文類聚八二引，並無其字，與上下文句法一律，當從之，今本其字，涉下「其色若碧」而衍。

越駱之菌。注：菌，竹筍也。

案齊民要術引作「越簵之箘，」注菌亦作箘，王念孫校本改菌為箘，是也。

胥時

鄭子陽之難，猘狗潰之。注：子陽，鄭相，或曰鄭君。梁玉繩云：『子陽，鄭相，乃駟氏之後，史記稱駟子陽，非鄭君也。後適威篇注：「子陽，鄭君，一曰鄭相，」並誤。』案梁說是也，高士傳載列子事有云：『鄭穆公時，子陽為相。』莊子讓王篇釋文，成玄英疏，亦並云：『子陽，鄭相。』

義賞

文公用咎犯之言。

注：「言，謀也。」案韓子難一篇，淮南子人間篇，言並作謀。

君用其言，而賞後其身。

案治要引無賞字，韓子同。今本賞字，疑涉上「反而為賞」而衍。

百世之利也。

案韓子、淮南子，百世並作萬世，下同。

長攻

若桀紂不遇湯武，

案若下當有使字，乃與下文「若使湯武不遇桀紂，」句法一律。

慎人

七日不嘗食。

案莊子天運篇、山木篇、讓王篇、荀子宥坐篇，嘗食竝作火食，本書任數篇、風俗通義窮通篇，嘗食竝作嘗粒。

宰予備矣。注：『備當作憊，憊，極也。』論語曰：「衞靈公問陳於孔子，對曰：俎豆之事，則嘗聞之矣。」

案莊子讓王篇作『顏色甚憊，』亦可證此文備當作憊。冊府元龜八九五引注『對曰』上有『孔子』二字，是也。論語衛靈公篇正作『孔子對曰。』

藉夫子者不禁。

案冊府元龜引藉作籍，風俗通同。藉，籍，竝借為耤，說文：耤，刺也。說互詳莊子校釋。

蓋君子之無所醜也，若此乎？

注：『醜猶恥也。』案莊子、風俗通，醜竝作恥。

孔子慨然推琴，

案冊府元龜引慨然作愀然，風俗通作恬然。

子貢曰：如此者，可謂窮矣。

畢沅云：『莊子讓王篇及風俗通，俱作：子路曰。』案冊府元龜引作「路與賈曰。」

今丘也，拘仁義之道。

畢沅云：「拘，莊子、風俗通竝作抱。」案冊府元龜引此文拘亦作抱，拘乃抱之壞字。

其所也，何窮之謂？

案其上疑挩固字。冊府元龜引謂作為，莊子、風俗通竝同。為猶謂也，作為是故書。

孔子烈然返瑟而弦。

案冊府元龜引烈作列，瑟作琴。莊子烈作削，瑟亦作琴，列烈古通，削乃列之形誤。列字本作削，與削形近。

子路抗然執干而舞。

案冊府元龜引抗作扢，莊子同。抗即扢之形誤，或淺人所改。扢借為仡，說文：『仡，勇壯也。』書鈔百七、一二三、御覽三五一，引莊子扢竝作仡。說互詳莊子校釋。

而共伯得乎共首。

案路史發揮二引得下有志字，是也。注：『棄其國，隱於共首山，而得其志也。』是正文原有志字。（今本莊子亦挩志字，說詳校釋。）竹書紀年卷下云：『共和遂歸國，逍遙得志于共山之首，』可為旁證。路史發揮二引魯連子云：『共伯後歸於國，得意共山之首，』又見莊子釋文又引十三州志云：「共伯後歸國，逍遙得意於共山之首。」又見太平寰宇記五六。得意猶得志也。

遇合

所善惡得不苟。

舊校云：「善，一作喜。」案作喜是。下文「越王不善，為野音而反善之，」兩善字亦竝喜之誤。孫人和據書鈔、初學記所引，及論衡逢遇篇、劉子新論適才篇，證下文不善為不喜之誤，是也。反喜與不喜對言，則反善為反喜之誤亦明矣。

縮頞而食之。

案書鈔一四六、御覽三六七，引縮頞竝作蹙頞，陸繼輅云：戚縮古今字。

自若而居海上。

案意林引「居海上」作「屛於海上。」

是不知也。

案不知卽不智也，下文「侮且不智，」不智二字卽承此言，注：「不知，無所知也。」誤。

是以賊其身。

舊校云：「賊，一作殘。」案注：「以殘其身也，」是正文賊原作殘。

必已

故伍員流乎江，萇弘死。

案莊子外物篇死下有于蜀二字，當從之，「伍員流乎江，萇弘死于蜀，」耦文也。

親莫不欲其子之孝，

案親上當有人字，「人親莫不欲其子之孝，」與上文「人主莫不欲其臣之忠，」句法一律，莊子正有人字。

故孝已疑，曾子悲。

案莊子疑作憂，此文作疑，疑涉注「曾參以其至孝見疑於其君」以字據畢校補。而誤，莊子駢拇篇：「是故鳧脛雖短，續之則憂。鶴脛雖長，斷之則悲。」亦以憂、悲對文，與此同例。又注既言曾參，疑正文原亦作曾參，莊子正作曾參，今本參作子，疑涉上文「其子，」或涉注文「高宗子」而誤。

此以不材得終其天年矣。

案莊子山木篇此下有木字。

以不材死。

舊校云：「一作：以不能鳴死。」案文選盧子諒贈劉琨詩注引莊子亦作「以不能鳴死。」

若夫道德則不然。

案莊子作「若夫乘道德而浮遊則不然，」當從之。此文道德上捝乘字，道德下捝而浮遊三字，文意不明。

以禾為量。注：禾兩三變，畢云：兩字衍。故以為法也。一曰：禾，中和。

案注前說迂曲，後說「禾，中和。」是也。莊子禾正作和。俞樾云：「禾即和之壞字。」禾有和義，則作禾是故書，非壞字也。

馬逸，食人之稼。

案文選陸士衡演連珠注引人上有野字，當從之，下文「野人，」即承此「野人」言。

野人取其馬。

案文選注引取作留。

野人不聽。

案文選注引不上有終字。

有鄙人始事孔子者，曰：請往說之。

案文選注引鄙人上有馬圉二字，淮南子人間篇作「乃使馬圉往說之。」陶鴻慶謂此文衍曰字，是也。

吾馬何得不食子之禾？

案文選注引禾作苗，淮南子同。

其野人大說。

案文選注引無其字，淮南子同，當從之。今本其字，蓋涉下文「說亦皆如此其辯也」而行。

解馬而與之。

案文選注引與作還。

慎大覽

靖箕子之宮。

畢沅云：「靖，似當作清，七性切。」案注：「故清淨其宮，以異之也。」似正文靖原作清。俞樾云：「靖讀為旌，『旌箕子之宮，』與下文『表商容之閭』一律。」作清，亦讀為旌。

勝老人中人。注：下老人中人城。今盧奴西山中有老人中人城也。

畢沅云：「晉語九、列子說符及御覽三二一，皆作左人中人，淮南道應訓作尤人終人。」案晉語九，當作十五。御覽三二一，當作三二二。御覽八四九引亦作「左人中人，注同。三二二注亦同。引王念孫謂今本此文老字，及淮南子尤字，並左字俗書之誤，是也。

有憂色。

案意林引有上有而字，淮南子、列子並同。

一朝而兩城下。

案御覽三二二、八四九，引「兩城下」並作「下兩城」。

」下文「一朝而雨城下，」八四九引亦作「下雨城。」

此人之所以喜也。

畢沅云：「列子無以字。」孫人和云：「以字衍，御覽三二二、又八四九引，竝無以字。」案淮南子亦無以字。

今君有憂色，何？

孫人和云：「何下脫也字，御覽兩引，竝作何也，列子說符篇同。」案淮南子何下亦有也字，晉語作「而主色不怡，何也？」亦有也字。

飄風暴雨，日中不須臾。

舊校云：『飄風，一作焱風。』案御覽三二二，八四九引，並作焱風。惟焱當作猋，古書猋焱二字多互訛，爾雅釋天：扶搖謂之猋。

一朝而兩城下。

案御覽三二二引一上有又字。

亡其及我乎？

案意林引作『亡將及我矣？』將猶其也，矣猶乎也。

善持勝者，以術彊弱。

舊校云：『一本作：善持勝者，不以彊弱。』畢沅云：『列子作：以強為弱。』案淮南子亦作『以強為弱。』

權勲

亟退郤也。

畢沅云：『說苑作「酒也，」是。』案退郤二字，必有一爲衍文，疑一本退作郤，寫者因竝溷入，又挩酒字耳。左成十六年傳疏引作『郤酒也，』引上文退亦作郤。可證。

斬司馬子反以爲戮。

案韓子十過篇、飾邪篇，戮上竝有大字。

非以醉子反也。

畢沅云：『韓子十過篇作「不以讎子反也，」飾邪篇作「非以端惡子反也，」說苑作「非以妬子反也，」皆較醉字勝。』案淮南子作『非欲禍子反也，』亦較醉字勝。

其心以忠也，而適足以殺之。

案也當作之，忠之與殺之對言，韓子十過篇作『其心忠愛之，而適足以殺之，』飾邪篇作『實心以忠愛之，而適足以殺之，』說苑作『忠愛之，而適足以殺之而已矣，』文雖小異，字皆作之。淮南子作『誠愛而欲快之也，而適足以殺之，』快之亦與殺之對言。

舊校云：『一作：必不敢受也。』案穀梁僖二年傳作『

必不吾受也。

必不敢受吾幣，』韓子同，惟吾作我。

若受我而假我道，

案我下當有幣字，『若受我幣而假我道，』與上文『若受吾幣而不吾假道』對言，今本挩幣字，文意不完，穀梁傳、韓子，竝有幣字，當據補。

猶取之內皁而著之外皁也。

馬敘倫云：『皁，本作皀。皀者，古文廄字。公羊僖二年傳：「荀息曰：馬出之內廄，繫之外廄爾，」正作廄，可證。』案穀梁傳，韓子，皁亦竝作廄。

虞公濫於寶與馬而欲許之。

注：「濫，貪。」案韓子濫正作貪。貪下衍利字。

虞虢之勢是也。

案韓子是上有正字。

荀息操璧牽馬而報，獻公喜曰：璧則猶是也，馬齒亦薄長矣。

案韓子獻公二字疊，是也。「荀息操璧牽馬而報獻公」為句，「獻公喜曰」為句，當據補。「璧則猶是也」二句，穀梁傳作荀息語。

弗聽，有頃諫之。

俞樾云：「頃字衍文，『弗聽，有諫之，』有當讀為又，言又諫之也。』案頃字似非衍文，疑此文本作『弗聽。有頃，有諫之。』下有字讀為又，淺人不知有與又同，以為涉上有字而衍，遂妄删之耳。

報更

見骫桑之下，

畢沅云：『淮南人間訓作委桑，左傳作翳桑。』案書鈔一四五、初學記二六，引此文亦並作翳桑。

順說

際高而望，目不加明也。

王念孫云：『際疑登之譌。』案王說是也，荀子勸學篇

：『登高而招，臂非加長也，』可為旁證。

夫不敢刺，不敢擊，非無其志也。

案治要引作『夫弗敢，非無其志也。』列子黄帝篇同。文子道德篇作『夫不敢者，非無其意也。』

此寡人之所欲得。

畢沅云：『句末列子、淮南，皆有也字。』案治要引此文得下亦有也字。

皆得其利。

案治要引利下有矣字，淮南子、列子並同。

對曰：冬日則寒，夏日則暑。

案御覽三五六引對曰下有甲字。

其所唱適宜走。

案唱下當有和字，唱和二字，承上『我為汝唱，汝為我和』而言，御覽五七一。事類賦十一樂部引，並作『其和適宜走，』雖挩唱字，和字猶存。

以此術也，是用萬乘之國，其霸猶少。

案事類賦引是作而，少下有乎字。

不廣

北方有獸，名曰蹶。

梁玉繩云：『爾雅釋地、韓詩外傳五，並作西方。』案說文亦作西方。即本爾雅『名曰蹶，』爾雅注引作『其名為蟨，』曰猶為也。一切經音義九六引名上亦有其字，爾雅、淮南道應篇、說苑復恩篇、說文，皆有其字。畢沅云：『說苑復恩篇作蟨，爾雅注同。淮南道應篇作蹷。』一切經音義引此文蹶亦作蟨。爾雅、外傳、說文，皆作蟨，當以作蟨為正。

趨則跲。

案爾雅注、一切經音義，引跲竝作頓，淮南子同。

常為蛩蛩距虛取甘草以與之。

案周書王會篇、穆天子傳、爾雅，蛩蛩皆作邛邛，當以作蛩為正。距虛，畢沅云：「爾雅作岠虛，說苑作巨虛，淮南作駏驉。」岠虛乃岠虛之誤，岠距古通。說文作巨虛，與說苑合。黃香九宮賦作駏驉，與淮南子合。當以作巨虛為正。

案今

見瓶水之冰，而知天下之寒，魚鼈之藏也。

案也字衍，上下文例可證。

當一脟肉。

案畢沅本改脟為脟，是也。惟肉上當有之字，乃與上下文例一律，意林引正有之字。

楚人有涉江者。

案袁孝政劉子新論法術篇注楚人作宋人。

遽契其舟曰：是吾劍之所從墜。

舊校云：「契，一作刻。」案合璧事類外集五七、韻府羣玉十六，竝引列子云：「古人墜劍水中，刻舟而求之，」劉子新論法術篇：「是刻舟而求劍，」字竝作刻。注：「疾刻舟識之於此下墜劍者也，」亦詁契為刻。(契，正作栔。說文：栔，刻也。)

先識覽

示晉公以天妖日月星辰之行多以不當。曰：是何能為？

畢沅云：「說苑權謀篇作：多不當。曰：是何能然？」案「多以不當，」當從說苑作「多不當，」與下文「亦以人事多不義，」句法一律。今本以字，涉上文以字而衍。

以告屠黍，對曰：

案屠黍二字疑當疊，說苑作「以告屠餘，屠餘曰，」可證。

天遺之亂人與善諛之士。

舊校云：「遺，一作予。」案作予較長，作遺與上文「天遺之」複。說苑作「天與之，」予與古今字。

其患不聞。

案說苑作「其患在不聞也。」此文不上無在字，文意不完，當據補。

觀世

山在其上。

案治要引上下有矣字。

尚盡賢於己。

案治要引己下有也字。

嚮也見客之容而已，今也見客之志。

案晏子春秋雜上篇、新序節士篇，竝無已字，而字屬下讀。

聞為有道者妻子，

案莊子讓王篇、列子說符篇、高士傳，聞上皆有妾字，妻子上皆有之字。

君非自知我也，以人之言而遺我粟也。

案新序「以人之言」上多「以人之言而知我」七字。

至已而罪我也，有罪且以人言。

畢沅云：「有下罪字衍，有與又同。」莊子作「至其罪我也，又且以人之言，」列子同。」案畢說是也。新序、高士傳，亦竝作「至其罪我也，又且以人之言。」今本新序挩至字，且作將，（將猶且也。）此據冊府元龜八百五引。參照諸書，此文盖本作「已而罪我也，有且以人之言。」今本已而上衍至字，既已而，不當復言至，疑後人據莊子、列子、新序、高士傳，注至字於已而旁，傳寫因誤漏入正文耳。有下衍罪字，涉上「罪我」而衍。當刪。人下挩之字，上文亦作「以人之言。」當補。

此吾所以不受也。其卒，民果作難殺子陽。受人之養，而不死其難，則不義。死其難，則死無道也。死無道，逆也

案「其卒民果作難殺子陽」九字，當在下文「死無道，逆也」下，「受人之養」云云，正承上文「此吾所以不

。

受也」而言，仍是列子之辭，新序作「此吾所以不受也，且受人之養，不死其難，不義也，死其難，是死無道之人，豈義哉？冊府元龜八百五引哉上有也字。其後民果作難殺子陽。」是其明證。今本「其卒民果作難殺子陽」九字，錯在「此吾所以不受也」下，疑後人據莊子、列子、高士傳諸書所妄乙，不知莊子、列子、高士傳諸書，本無「受人之養」以下之文也。

先見其化而已動，遠乎性命之情也。

畢沅云：「遠疑違字之誤。」案畢說非也。「先見其化而已動，」正是「遠乎性命之情。」若遠作違，則已動當作不動乃通。

知接

有一婦人踰垣入。

案管子小稱篇「踰垣入」作「從竇入。」

悔過

穴深尋。

案意林引尋上有一字。

樂成

用三年。

案孔叢子陳士義篇作三月。

有貴功之色。

舊校云：「貴，一作責。」案意林引貴正作責。說苑復恩篇作喜，義較長。

主書舉兩篋以進。

畢沅云：「秦策作：謗書一篋。」案意林引此文兩篋上亦有謗書二字。

一寸而亡矣。

案意林引一寸下有之書二字，注：「一方寸之書則亡矣，」疑正文原有之書二字。

察微

來而讓，不取其金。

案文選任彥昇百辟勸進今上牋注引讓作辭，不下有敢字。淮南子道應篇、家語致思篇，讓亦並作辭。

孔子曰：賜失之矣。

案說苑政理篇、家語，孔子下並有聞之二字。文選注引賜下有也字。

去宥

齊人有欲得金者。

案劉子新論利害篇載此事，金作錦。

往鬻金者之所。

案文選任彥昇齊竟陵文宣王行狀注引往作之。

吏搏而束縛之。

案文選注引搏作捕，列子同。搏捕古通。

正名

此眞所謂士已。

案孔叢子公孫龍篇、公孫龍子跡府篇，眞下竝有吾字。

大夫見侮而不鬪，則是辱也。

畢沅云：「大夫，疑衍大字。」案畢說是也，孔叢子正無大字，夫下有士字。

則嚮之所謂士者，乃士乎？

陶鴻慶云：『「乃士乎？」本作「乃非士乎？」乃反詰之辭，公孫龍子跡府篇載此文，正作「乃非士乎？」』

案陶說是也，孔叢子亦作『乃非士乎？』

而惡民之難治，可乎？

案公孫龍子惡作怨，據下文『則民雖不治，寡人弗怨也，』則作怨是。

而王曰：見侮而不敢鬭，是辱也。

案上文『王曰』云云，無敢字。此文敢字，疑涉上『不敢鬭』而衍，公孫龍子正無敢字。

夫謂之辱者，非此之謂也，以為臣。不以為臣者，罪之也。此無罪而王罰之也。

陳昌齊云：「以為臣三字，亦衍文。當據孔叢子及本篇前後文義求之。」陶鴻慶云：「上臣字當為士，罪之當為辱之，今本為寫者所亂，則義不可曉。」案陳陶二說竝未安。據前「王曰：否，大夫見侮而不鬬，則是辱也，辱則寡人弗以為臣矣。」此文「以為臣」上，蓋挩「而王不」三字，下文「不以為臣者，罪之也，」卽承「而王不以為臣」而言，文理甚明。孔叢子作「而王不以為臣，是罰之也。」正有「而王不」三字，惟未疊「不以為臣』四字耳。公孫龍子作『謂之辱,非之也。無非而王辱之,故因除其籍,不以為臣也。不以為臣者,罰之也。此無罪而王罰之也。』雖作僞者有所改竄,而疊『不以為臣』四字,尚略存此文之舊也。

審分覽

人與驥俱走。

案治要引人作今,金樓子立言下篇同。則是與驥俱走也。

案意林引走下有無異二字。

湯禹之臣不獨忠。

案治要引湯禹作禹湯，是也。今本誤到。

君守

故曰天無形，而萬物以成。注：天無所制，而物自成。

俞樾云：「曰乃昦字之誤。昦字闕壞，止存上半之日，因誤為曰矣。」案俞說是也，治要引曰天正作昊天，昊卽昦之俗。引注作「天無所制作物形，而物自成也。」

任數

以聽從取容，是君代有司為有司也。注：此聽從取容。

案治要引注聽上有以字，據正文有以字是。

無骨者，不可令知冰。注：若無骨之蟲，春生秋死，不知冬寒之有冰也。

案意林引「無骨者」作「無骨之蟲，」與注合。

孔子望見顏回攫其甑中而食之。

案家語在厄篇載此事，作「子貢自井望見之。」

勿躬

辟土藝粟。

案御覽二七三引藝作生，韓子外儲說左下同。

臣不若甯遬。

注：「甯遬，甯戚。」畢沅云：「古戚速同音，遬即速。」案管子小匡篇、新序雜事四，竝作甯戚。韓子戚誤

武。

請置以為大諫臣。

畢沅云：「外傳、新序，皆無大字。」案韓子亦無大字。外傳無此文，畢氏失檢。

臣不若王子城父。

畢沅云：「新序作成甫，外傳亦作成。」案韓子作公子成父，王先慎云：「城成，父甫，古字竝通。」外傳無此文。

君欲霸王，則夷吾在此。

案御覽引君下有若字。有若字是也，惟君字涉上文「君若欲治國彊兵』而行，上文已有君字，此不必更出君字，管子正作『若欲霸王。』韓子作『將欲霸王，』新序作『如欲霸王，』，若，如，將竝同義。亦竝無君字。

況於人主乎？

案御覽引況上有又字。

知度

此謂之至治。

案謂之當作之謂。節喪篇：『此之謂重閉，』有始覽：『此之謂大同，』下賢篇：『此之謂至貴，』審為篇：『此之謂重傷，』上德篇：『此之謂順情，』審時篇：『

此之謂耕道，」皆與此句法同。

是之謂重塞之主，無存國矣。

案陳昌齊陶鴻慶竝謂重塞二字當疊，是也。治要引作「是之謂重重塞塞之主，無存國矣。」蓋本作「是之謂重〻塞〻之主，無存國矣。」即「是之謂重塞。重塞之主，無存國矣。」寫者不明「重〻塞〻」為疊「重塞」二字，因誤為「重重塞塞」耳。

致遠者託於驥。

案說苑尊賢篇驥作乘，下同。

霸王者託於賢。

案說苑霸王上有欲字，與上文句法一律。此文挩欲字，文意不完，當據補。

此霸王者之船驥也。

孫人和云：『者字涉上文「霸王者託於賢」而衍，治要引無者字，說苑尊賢篇作「此霸王之船乘也」，亦無者字。』案意林引此文亦無者字。

慎勢

今一兔走，百人逐之，非一兔足為百人分也，由未定。由未定，堯且屈力，而況眾人乎？

陶鴻慶云：『此文當有譌脫，原文本云：「今一兔走，百人逐之，非一兔足為百人欲，由分未定也。分未定，堯且屈力，而況衆人乎？』案陶說是也。『由分未定也，』與下文『分已定矣』對言，尹文子大道上篇：『雉兔在野，衆人逐之，分未定也。雞豕滿市，莫有志者，分定故也。』可為旁證。

非而細人所能識也。

舊校云：『識，一作議。』案說苑正諫篇識亦作議。

執一

楚王問為國於詹子，詹子對曰：何聞為身，不聞為國。

畢沅云：『為訓治也，意林兩為字即改作治。』案意林引上文為國亦作治國。淮南子道應篇、列子說符篇，為亦竝作治。

審應覽

臣之所舉也。

案論衡知實篇舉作學。

然則先生聖于？

注：『于，乎也，』案論衡于正作乎。

待其功而後知其舜也，

案功上當有有字，上文可照，論衡正有有字。

重言

援梧葉以為珪。

案事類賦二五引援作剪，說苑君道篇同。書鈔四六引梧下有桐字，說苑同。

余一人與虞戲也。

畢沅云：「說苑君道篇無人字，是。」案書鈔引「與虞戲也，」作「與叔虞戲耳。」

於是遂封叔虞于晉。

梁玉繩云：「叔虞封唐，其子燮改國號為晉也。御覽四六六引此作唐，則是今本之譌。」案書鈔引晉亦作唐，史記晉世家同。

荆莊王立三年。

王念孫云:「立與涖同。新序雜事二作涖政,今本無政字者,後人不知立字之義,而妄删之也。」案王說是也。韓子喻老篇作「莅政三年,」莅亦與涖同,本字作竦

說文:竦,臨也。

成公賈入諫。

畢沅云:「孫云:史記楚世家作伍舉,新序雜事二作士慶,滑稽傳又以為淳于髡說齊威王。」案韓子作右司馬御座。

將以覽民則也。

注：『覽，觀。』案韓子覽正作觀。

鳴將駭人。

注：『駭，驚也。』案韓子、史記楚世家、滑稽列傳、新序，駭皆作驚。

桓公怪之，曰：與仲父謀伐莒。

案說苑權謀篇之下有『以問管仲』四字，疑此捝之。論衡知實篇之下有『問管仲』三字，益略以字。

有執蹠⿸疒台而上視者。

畢沅云：『說苑權謀篇作：執柘杵。』案管子小問篇作：執席食。

管子曰：子邪？言伐莒者。

畢沅云：『管子亦當作管仲。』案外傳四、說苑、論衡、皆作管仲，與上下文一律，今本子字，涉下『子邪』而誤。

顯然善樂者，鐘鼓之色也。

案意林引作『懽然喜樂，』論衡同。惟懽作驩，古通。善乃喜之誤，管子、說苑，善亦並作喜。

湫然清淨者，衰絰之色也。

案意林引湫作愀，說苑同，論衡作愁，當以作愁為正。

畢沅云：『李本淨作靜，』管子、說苑，亦並作靜。靜淨古通。

艴然充盈手足矜者，兵革之色也。

案意林引艴作沸，沸疑怫之誤。論衡正作怫。說苑作勃，下同。勃，怫，艴，古通用。

君呿而不唫。

畢沅云：「說苑作：吁而不吟。」案管子作「開而不闔，」外傳作「張而不揜，」文義竝同。

臣竊以慮諸侯之不服者，其惟莒乎？

案管子諸侯上有小國二字。說苑有小字，挩國字。論衡小國二字誤到。

精諭

海上之人有好蜻者。

畢沅云：「列子黄帝篇作『有好漚鳥者，』下竝同。」案世說新語言語篇注、文選江文通雜體詩注，引莊子竝作『有好鷗鳥者，』下竝同。列子作漚，卽鷗之借。

每居海上。

畢沅云：「孫云：『李善注文選江文通擬阮步兵詩作「每朝居海上，」御覽九百五十同。』案容齋四筆十四引亦作『每朝居海上，』今本挩朝字。世說注、文選注引莊子，列子，竝作『每旦之海上。』

没人能取之。

案淮南子道應篇、列子說符篇，並作「吳越之善沒者能取之。」今本列子挩越字。此文沒人上疑挩「吳越之善」四字。

求魚者濡，爭獸者趨，

畢沅云：「列子說符篇作「爭魚者濡，逐獸者趨，」文子微明篇亦同。」案淮南子道應篇亦作「爭魚者濡，逐獸者趨。」

離謂

故惑惑之中，有曉焉。冥冥之中，有昭焉。

畢沅云：「昭字當重。」陳昌齊云：「畢校謂故惑為句，昭字當重，竊謂故惑二字，當連下「惑之中」為句，昭字不必重，淮南俶眞篇云：「冥冥之中，獨見曉焉，寂漠之中，獨有照焉。」二語與此略同。」案陳說是也。莊子天地篇：「冥冥之中，獨見曉焉，無聲之中，獨聞和焉。」文子微明篇：「冥冥之中，獨有曉焉，寂寞之中，獨有照焉。」並與此略同。

鄧析曰：安之。

案意林引安上有但字，下同。

得死者患之。

案意林引作：得尸者患其不贖。

淫辭

凡言者，以諭心也。

案意林引作『所以喻心，』諭喻古通。

不知君將從易而是也者乎？

案畢本删也字，是也。孔叢子公孫龍篇正無也字。

惠王曰：可行邪？

案可上當有善字，『善可行邪？』與下文『善而不可行』對言，淮南子道應篇正有善字。

前呼輿謣。

注：『輿謣，或作邪謣。』案淮南子道應篇作邪許，文子微明篇作邪軤，竝同。

不屈

或者操大築乎城上。

案者字涉上『今之城者』而衍，下文可照。

具備

恐魯君之聽說人。

案畢本改說爲讒，是也。家語屈節篇正作讒。

巫馬旗短褐衣弊裘。

案淮南子道應篇、家語屈節篇，旗並作期，下同。

離俗覽

棬棬乎后之爲人也。

畢沅云：「捲捲，莊子讓王篇作捲捲，釋文云：音權，郭音眷，用力貌。」案日本古鈔卷子本莊子作惓惓。捲捲並借為券，說文：「券，勞也。」惓即或券字。說互詳莊子校釋補遺。

於是乎夫負妻妻，攜子。

案畢本依莊子改「妻妻」為「妻戴」，是也。高士傳亦作「妻戴」。今本下妻字，即涉上妻字而誤。御覽七八引尸子云：「神農氏夫負妻戴，以治天下。」六九一引莊子云：「祝牧謂其妻曰：天下無道，我負子戴。」四百三引子思子亦有此文。並可證。

下隨辭曰：非吾事也。

案辭字衍，『下隨曰：非吾事也，』與下文『務光曰：非吾事也，』句法一律，莊子正無辭字。

彊力忍詢。

畢沅云：『莊子詢作垢。』案御覽四二四引莊子垢作詬，列仙傳同。詢即或詬字。說互詳莊子校釋。

吾子胡不位之？

畢沅曰：『位之，莊子作立乎。』俞樾云：『之字衍文。』案位立古通，周禮春官小宗伯：『掌建國之神位，』故書位作立，即其比。之字非衍文，列仙傳亦有之字。

乃負石而沈於募水。

案沈上當有自字，與上文句法一律。莊子、列仙傳，皆有自字。

人之所不能察。

案郭象莊子讓王篇注引作『人所不能察也。』

高義

入謂弟子曰：

松皋圓云：『家語六本解、說苑立節篇，入作出，是。』案家語仍作入，松氏失檢。

若是，則荆國終為天下撓。

注：『撓，弱也。』案說苑撓正作弱。

王曰：請成將軍義。

案義上畢本據渚宫舊事補之字，是也。說苑亦有之字。

則其父也。

案書鈔三七引則作乃，史記循吏傳同，乃猶則也。

不私其親，不可謂孝子。事君枉法，不可謂忠臣。

劉師培云：『書鈔三七引忠臣作竭忠。』案忠臣與上文

孝子相對，作竭忠非，史記亦以孝子、忠臣相對。

用民

萬目皆張。

案意林引此下有「治民如此也」五字，疑是注文。

適威

其誰能當之？

案意林引之作者。

驟戰而驟勝。

注：「驟，數也。」案淮南子道應篇、外傳十、新序雜事五，驟皆作數。

國家之福也。

案淮南子、外傳、新序，皆無家字。

吳之亡猶晚。

案淮南子、新序，晚下竝有矣字。

此夫差之所以自歿於干隧也。注：自剄於干隧。

案注詁歿為剄，淮南子正作剄。

其馬必敗。

案治要引必作將，據下文『莊公曰：將何敗？』則作將是。莊子、荀子哀公篇、外傳二、新序雜事五，皆作將。（家語顏回篇必上有將字，葢一本必作將，寫者誤合之也。）

重為任而罰不勝。注：不能勝其所任者而罪之也。

案正文言「罰不勝，」則注文罪當作罰，治要引正作罰。

是以罪召罪。

案治要引召罪下有也字，是也。誠廉篇：「是以亂易暴也，」與此句法同。

遂應猘狗而弑子陽。注：因國人有逐猘狗之擾而殺子陽。

案弑當作殺，注文可證。淮南子氾論篇亦作殺，作弑者後人所改。

為欲

故人之欲多者，其可得用亦多。人之欲少者，其得用亦少。

案御覽六二五引亦多、亦少下，竝有也字。

與士期七日，七日而原不下。

畢沅云：『僖二十五年左氏傳、淮南道應訓，俱作三日，韓非外儲說左上作十日，新序雜事四作五日。』案晉語亦作三日。

得原失寶。

案寶當作信，涉上『國之寶也』而誤。（下文『以不信得原，』卽承此言。）左傳、晉語、韓子、淮南子、新序，皆作信。

明年復伐之。

畢沅云：「與左傳、韓非不合。」案與晉語、淮南子、新序，亦皆不合。

衛人聞之。

案淮南子、新序，衛人並作温人。

文公非不欲得原也，以不信得原，不若勿得也。

案御覽四百三十引文公上有始字，下原字作之。

文公可謂知求欲矣。

案御覽引「知求欲矣」作「知本矣。」

貴信

地行不信。

舊校云：「行，一作安。」案御覽四百三十引行正作安。

而猶不能以不信成物，又況乎人事？

案御覽引物下有也字。

丹漆染色不貞。

孫鏘鳴云：「以上皆四字為句，有韻之文。染色二字當是注文，轉寫者誤入正文耳。」案孫說是也，御覽引正無染色二字。

舉難

友曰翟璜。

畢沅云：「亦作黄。」案外傳三、説苑臣術篇、新序雜事四，皆作黄。

將任車以至齊。

案新序雜事五引任作賃，下同。任即賃之借。

甯戚飯牛居車下。

案文選王子淵四子講德論注引無居字，淮南子道應篇，新序，竝同。

擊牛角疾歌。

案淮南子、新序，歌上竝有商字。

桓公賜之衣冠。

案新序桓公下有曰字。

衞之去齊不遠。

案新序「去齊」下有「五百里」三字。

亡人之大美。

案淮南子、新序,亡並作忘,忘亡古通。

今聽而不復問。

案淮南子聽上有一字。

恃君覽

今死而弗往死,是果知我也。

案說苑立節篇、列子說符篇，知我上竝有不字，是也。『是果不知我也，』正對上文『自以爲不知』而言，意甚明白，注：『今不死其難，是爲使敖公果知我爲不良臣也。』蓋不知知我上挩不字，而曲爲之說耳。

所以激君人者之行，而厲人主之節也。

畢沅云：『人主，御覽六二一引作人臣，非是，下云：「行激節厲，忠臣幸於得察，」則節厲正指人主言。』案册府元龜八百八十引人主亦作人臣。

長利

伯成子高辭諸侯而耕。

案辭下當有為字，『辭為諸侯』與上文『立為諸侯』對言，莊子天地篇、淮南子氾論篇、新序節士篇，皆有為字。

堯理天下，吾子立為諸侯。

案堯上當有昔字，下文『今至於我而辭之，』今與昔相應，莊子正有昔字。新序有昔者二字。

今至於我而辭之，故何也？

畢沅云：『莊子天地篇作：其故何也？』案故上有其字，文意較完。若無其字，則故何二字當到，新序作何故，可證。

利自此作。

畢沅云：『莊子作「刑自此立，」新序節士篇作「刑自此繫。」』案作刑是也，利字涉上文『爭利』而誤。

夫為諸侯，名顯榮，實佚樂，繼嗣皆得其澤，伯成子高不待問而知之。

陶鴻慶云：『伯成子高四字，當在「為諸侯」上，今本誤脫在下，則文不可曉。』案伯成子高四字，在『不待問而知之』上，文義自曉，且與下文『然而辭為諸侯者，以禁後世之亂也，』意亦一貫，陶說非也。

戎夷違齊如魯。

注:『違,去。』案意林引違正作去,如作往。書鈔一二九引如作入。

天大寒而後門,與弟子一人宿於郭外。

案書鈔一五六引天上有時字,一二九引與字在門字上,郭作郊。藝文類聚五引與字亦在門字上,則『而後與門』四字,當屬下為句。

寒愈甚。

案意林引愈作轉。

不足愛也。

注:『愛亦惜也。』案意林引愛正作惜。

又惡能與國士之衣哉？

注：『惡，安也。』案意林引惡正作安。

解衣與弟子，夜半而死，弟子遂活。

案意林引解上有乃字，夜上有戎夷至三字。書鈔引夜上有戎夷二字。蓋挩至字。

知分

黃龍負舟。

案論衡異虛篇黃龍上有有字，當從之，『有黃龍負舟，』與上文『有兩蛟夾繞其船，』句法同。

仰而呼天曰：

案天字疑本在仰字下，晏子春秋雜上篇、新序義勇篇，並作『仰天嘆曰，』外傳二作『仰天而嘆曰，』皆可證。

凱弟君子。

案晏子、外傳、新序，凱弟皆作愷悌。

召類

類同相召，氣同則合，聲比則應。

案意林引相召上有則字；合上，應上，並有相字。

為輓百也。

案畢本改百也為者也，是也。新序刺奢篇正作者也。

吾恃為靴以食三世矣。

案文選張景陽雜詩注引「以食三世」作「而食三葉。」

故弗禁也。

案新序故上有為是二字，疑是。「為是故，弗禁也，」與上文「為是故，吾弗徙也，」對言。

達鬱

而萬災叢至矣。

案治要、意林，引災竝作灾，同。本字作巛，說文注：「巛，害也。」「叢，聚也。」意林引叢正作聚。

王使衞巫監謗者。

案周語王下有怒字。

吾能弭謗矣。

案周語此下有「乃不敢言」四字。

驕恣

亡國之主必自驕。

孫人和云:「治要引無自字,疑涉下文自智而行。」案孫說非也。下文「自驕則簡士,」即承此自驕言,治要所引,蓋挩自字,或略自字,不可從。

自智則專獨。注:不咨忠臣。

案治要引注作:不咨忠良。

簡士壅塞。注：故壅塞無聞知。

案治要引壅作雍，注同，下文亦同，雍壅古今字。

三者，人君之大經也。

案治要引人君作君人，疑是。恃君覽：『所以激君人者之行，』求人篇：『而君人者而不求，』並與此同例。

能自為取師者王，能自取友者存，其所擇而莫如己者亡。

孫人和云：『取友下脫霸字，王霸對舉，存亡對舉。霸下，存上，亦有脫文，不可塙考。』案孫說是也。荀子堯問篇霸下有『得疑者存』句，以本書文例求之，疑『能自取友者』下，捝『霸能自取疑者存』七字。

齊宣王為太室。

案畢本從新序刺奢篇改太為大，是也。御覽一七四引此文太正作大。

莫敢諫若，非弗欲也。

案若當為君，字之誤也。君若形近，古多相亂。上文『李悝可謂能諫其君矣，』與此作諫君同。王念孫、俞樾，並以若為者之誤，恐非。

趙簡子沉鸞徼於河。

畢沅云：『說苑君道篇作欒激，水經河水四注同。』案治要引鸞亦作欒，下同。

觀表

右宰穀臣止而觴之。

畢沅云：『李善注文選劉孝標廣絕交論穀臣作轂臣。』案文選注所引乃孔叢子陳士義篇之文。

西河之為秦也不久矣。

案長見篇秦下有取字。

寒風是相口齒。

案御覽八九六引相上有能字，下同。

管青相膹肳。

畢沅云：『李善注文選張景陽七命作脣吻，御覽八九六同。」案事類賦二一引，亦作脣吻。

察賢

密子賤治單父。

案文選潘正叔贈河陽詩注引單父作亶父，下同。亶單古通，本書具備篇、淮南子道應篇、泰族篇，亦皆作亶父。

巫馬期以星出，以星入。

案巫馬期下當有「亦治單父」四字，「巫馬期亦治單父」與上文「密子賤治單父」對言，猶下文「而單父亦治」，與上文「而單父治」對言也。說苑正理篇正有「

亦治單父』四字，當據補。逸論語知道篇作『巫馬期治單父，』益挩亦字。

期賢

今夫爚蟬者。

案事類賦三十引爚作耀，荀子致仕篇同。

火不明，雖振其樹何益？

案事類賦引火上有若字，何益作無益，荀子亦作無益。

天下之士，其歸之也，若蟬之走明火也。

案事類賦引天上有則字，走作歸，荀子同。藝文類聚八八引也作矣。

魏文侯過段干木之閭而軾之。

梁玉繩云：『文選魏都賦注引此文異。』案文選注引此文與淮南子脩務篇較合，引閭作廬，廬閭古通，莊子讓王篇：『顏闔守陋閭，』御覽八九九引作廬，卽其比。

寡人光乎地。

畢沅云：『孫云：李善注左太沖魏都賦地作勢。』案淮南子地亦作勢。

無乃不可加兵乎？

畢沅云：『選注兵乎二字倒。』案選注引兵乎二字誤到，不可從，新序亦作『無乃不可加兵乎？』

嘗聞君子之用兵，

案御覽三二七引兵下有也字，新序同。

扶傷輿死。

案新序輿作舉。

審為

世之走利，有似於此。

案意林引走作趨，走猶趨也。期賢篇：「若蟬之走明火也，」注：「走，趨也。」與此同義。

事以皮帛而不受，事以珠玉而不肎。

畢沅云：「莊子讓王篇皮帛句下有『事之以犬馬而不受

」一句，淮南道應訓云：「事之以皮帛珠玉而弗受，」則犬馬句可不增。」案古鈔卷子本莊子無『事之以犬馬而不受』句，御覽四一九引同，與此文合。淮南子詮言篇、尚書大傳略說、家語好生篇、孔叢子居衞篇，所載事狄人之物，亦皆不言犬馬。（說互詳莊子校釋。）

狄人之所求者，地也。

王念孫云：「大雅緜釋文引地上有土字，莊子亦有。」案詩大雅緜正義引地上有土字，王氏失檢。孟子梁惠王篇、尚書大傳略說、家語、孔叢子，亦皆以土地連文。古鈔卷子本莊子無土字，御覽四一九引同，與今本此文合，淮南子道應篇亦無土字。

吾不忍爲也。

案詩大雅緜正義、禮記哀公問正義引，並無爲字，莊子同。

皆勉處矣。

畢沅云：『莊子云：「子皆勉居矣，」則此疑亦當有子字。』案畢説非也，莊子子字乃涉上文『而殺其子』而衍，淮南子道應篇亦無子字。詩正義引此作『請免吾乎！』（引莊子同，吾乃居之誤。）亦無子字。（詳莊子校釋。）說互

爲吾臣與狄人臣奚以異？

案狄人上當有為字，「為狄人臣」與「為吾臣」對言，莊子正有為字。八編類纂二二六引淮南子道應篇亦有為字，今本挩。詩正義引異下有也字，（引莊子同。）也猶邪也。

不以所以養害所養。

案孟子、家語，不上竝有君子二字，御覽四一九引莊子同。今本挩。列子說符篇亦云：「君子不以所養害其所養。」說互詳莊子校釋。禮記正義引不以下有其字，孟子、淮南子道應篇竝同。

杖策而去。

案禮記正義引作：於是乃杖策而去。

民相連而從之。

案禮記正義引連作隨。（引莊子同。）

書之曰：

案莊子讓王篇曰上有言字。

君固愁身傷生以憂之臧不得也。注：臧，近也。

案畢本據莊子改正文注文臧為戚，是也。王念孫云：「之字衍，莊子無。」非也。之戚乃戚之之誤到，古鈔卷子本莊子正作「以憂戚之不得也。」今本捝之字說亙詳莊子校釋。

不能自勝則縱之，神無惡乎？

畢沅云：『縱之下當再疊縱之二字，文子下德篇、淮南子道應篇，俱疊作：從之從之。』案畢氏謂縱之二字當疊，是也。注：『言人不能自勝其情欲則放之，放之，神無所憎惡。』以放詁縱，而疊放之二字，則正文本疊縱之二字明矣。文子作『猶不能自勝卽從之，神無所害也。』挩從之二字，畢氏失檢。莊子作『不能自勝則從，神无惡乎？』從下挩『之從之』三字，竝當據淮南子補。說互詳莊子校釋。

愛類

且有不義。

案且有當作有且，有讀為又，淮南子脩務篇作「又且為不義，」是其塙證。觀世篇：「有且以人言，」壅塞篇：「有且先夫死者死，」竝與此同例。今本作且有，蓋淺人不知有與又同，而妄乙之耳。

其不與？

案其上當有亡字，亡其，轉語詞。上文「亡其不得宋且不義猶攻之乎？」莊子外物篇：「亡其略弗及邪？」秦策：「亡其言臣者將賤而不足聽邪？」趙策：「亡其力尚能進愛王而不攻乎？」韓策：「亡其行子之術而廢子之謁乎？」皆以亡其連文，與此句法同。本書審為篇

：『亡其不與？』尤此文挩亡字之塙證也。

貴卒

所為貴鏃矢者，為其應聲而至。

梁玉繩云：『史蘇秦傳索隱引作錐矢。』案錐矢，鏃矢，並鏃矢之訛。爾雅釋器：『金鏃翦羽謂之鍭，』說文同。矦字隸書作⿸厂矢，隹字隸書作⿸厂隹，族字隸書或作疾，形並相近，故古籍中鍭矢字，非訛為錐，即訛為鏃。詳說王氏讀書雜志九之十五。又案至下當有也字，乃與上文句法一律。

慎行論

黃帝之貴而死。

案意林引而死作亦死，下同。

疑似

玉人之所患。

案意林引「玉人」作「相玉者，」與下文「相劍者之所患，」句法一律。

至於後戎寇眞至。

案畢本據御覽三九一於至下補「幽王擊鼓，諸侯兵不至」九字，惟御覽引作「擊鼓而諸侯不來」七字，畢氏蓋有所改竄也。

察傳

齊桓公聞管子於鮑叔，楚莊聞孫叔敖於沈尹筮。注：鮑叔牙說管仲於桓公，沈尹筮說叔敖於莊王。

案楚莊下當有王字，楚莊王與齊桓公對言。注以桓公莊王對言，亦可證。

夔於是正六律。

案風俗通正失篇引正作治。

非一足也。

案風俗通引足下有行字。

告人曰：

案風俗通、御覽一八九，引告上並有喜而二字。

貴直篇

是障其源而欲其水也。

案治要引源作原，是也。作源，俗。

簡子投桴而歎曰：嗚呼！士之遫弊，一若此乎？

案御覽三五一引桴作枹，嗚作烏，韓子難二篇同。御覽引遫下有音云：『音速。』遫即籀文速。本書速字多作遫。韓子作數，速數古通，莊子人間世篇：『以為棺槨則速腐，以為器則速毀，』釋文引向崔本作數，即其比。注：『遫猶化也，』非。

何弊之有？

案御覽引何上有士又二字，畢本據御覽於何上補士字，與下文合。韓子作『士無弊者，』亦有士字。

一鼓而士畢乘之。注：乘，後也。

案畢本改注後為陵，是也。御覽引作『乘，淩也。』淩陵古通。

直諫

以畋於雲夢。注：畋，獵也。

案治要引畋作田，注同。田畋古通，御覽二百六引亦作田。

葆申曰：先王卜以臣為葆，吉。

畢沅云：「說苑葆俱作保。」案治要、御覽引此文亦竝作保，下同。

畋三月不反。

案畋下當有「於雲夢」三字，此複舉上文之詞，說苑正諫篇正作「畋於雲夢。」

王之罪當笞。

案御覽引此下更有「王伏臣將笞王」六字，當據補。說苑此下有「匍伏將笞王」五字，亦可證此有捝文。

不穀免衣繈緥而齒於諸侯。

案御覽引免衣作免於，諸侯下有矣字，說苑同。

葆申柬細荊五十。

畢沅云：「說苑荊作葥。」案御覽引此文荊亦作箭。

過理

截涉者脛而視其髓。

案脛上當有之字，與上文句法一律。帝王世紀作「斮朝涉之脛而視其髓，」亦有之字。

一於此，不若死。

畢沅云：「正文一上，左傳有有字。」案注：「若行之，必有其一也。」是正文原有有字，今本挩有字，文意不完。

壅塞

説人之謂己能則彊弓也。

案畢本則作用，云：「用，舊作則，孫據御覽三四七改正。」孫人和云：「治要引亦作用，尹文子大道篇同。」事類賦十三引亦作用。

其嘗所用不過三石。

案嘗當作實，字之誤也。下文「宣王之情所用不過三石，即承此言，情猶實也，注：「情，實也。」尹文子嘗正作實。御覽三四七、事類賦，引用下竝有弓字，御覽三八九引尹文子同。今本尹文子無弓字。

中關而止。注：關謂關弓，弦正半而止也。

案治要引注正作至，正蓋至之誤，御覽引亦作至，至下更有於字。事類賦引正文中關作及半，與注合。

原亂

釋宋，出縠戍。

王念孫云：『釋宋下當有圍字。』案王說是也。注：『解宋之圍，』可證正文原有圍字。

不苟論

武王至殷郊係墮。

梁玉繩云：『韓子外儲說左下一為文王，一為晉文公。

」案帝王世紀亦以為文王。書鈔四九引至作克。

子無辭。

案御覽六三三引無作毋，音无。

其由此歟？

案御覽引由作用。

博志

荆廷嘗有神白猨，荆之善射者莫之能中。荆王請養由基射之，養由基矯弓操矢而往，未之射而括中之矣。發之，則猨應矢而下。則養由基有先中中之者矣。

孫志祖云：「藝文類聚引：「荆王有神白猨，王自射之，則摶樹而嬉。使養由基射之，始調弓矯矢，未發，猨擁樹而號。」與此不同，疑誤以淮南說山為呂也，然文亦小異。」案天中記六十引此文與類聚同。疑今本「荊王請養由基射之」句，荊王下捝「自射之則摶樹而嬉」八字。御覽三百五十引韓子云：「楚王有白猿，王自射之，則摶矢而熙。使養由基射之，始調弓矯矢，未發，而猿擁樹號矣。」事類賦十三亦引此文，熙作嬉，無始字。淮南子說山篇同。今本擁樹誤擁柱。竝言「王自射之，則摶矢而熙，」則此文荊王下有捝文明矣。楚史檮杌云：「楚庭嘗有神白猨，楚之善射者莫能中。莊王自射之，摶矢而熙。使養由基射之，矯弓操矢而往，未之發，猨擁樹而號矣，發之，則應矢而下。王大悅。」淮南子同。天中記四一引與此文較合，尤可證今本荊王下有挩文也。

尹儒學御，三年而不得焉。

案文選魏都賦注引莊子，淮南子道應篇，竝作尹需。

苦痛之。

案淮南子作「私自苦痛，常寢想之。」

明日往朝其師，望而謂之曰：

畢沅云：「望上師字當疊。」案今本淮南子亦挩一師字。惟此文當疊其師二字，文選魏都賦注引莊子正作「明日往朝其師，其師望而謂之曰。』文選王元長三月三日曲水詩序注引莊子作『明日往朝其師，師曰。』雖僅疊師字，乃約舉之詞，不足據。所夢固秋駕已。

案藝文類聚七九、御覽三九九，引已並作也。

貴當

主有失，皆交爭証諫。

畢沅云：『外傳九、新序二作正諫。案証亦諫也，見說文。』案新序二乃五之誤。治要引交上有敢字，証亦作正。新序作『皆敢分爭正諫。』外傳作『主有失敗，皆交爭正諫，』蓋敢誤作敗，寫者乃乙在皆字上，屬上絕句耳。

似順論

夫陳，小國也，而蓄積多，賦斂重也，則民怨上矣。案說苑作「夫陳，小國也，而蓄積多。蓄積多，則賦斂重。賦斂重，則民怨上矣。」

別類

黄所以為牣也。

畢沅云：「牣與韌、忍、刃、紉，古皆通用。李善注王文憲集序引作紉。」案事類賦十三引亦作紉，下同。

黄白雜，則堅且牣。

案事類賦引雜上有相字，下文同。

高陽應將為室家。匠對曰：

案匠上當有「問匠人」三字，匠下當有人字。「問匠人」與「匠人對，」文正相應，淮南子人間篇正作「問匠人，匠人對曰：」韓子外儲說左上作「謂匠人曰：屋太尊，匠人對曰：」可為旁證。

以生為室。

案淮南子作「以生材任重塗，」此文生下疑捝材字。

後將必敗。

案「後將必敗，」不詞。淮南子作「後必敗，」韓子作：久必壞。此文疑本作「後將敗，」後人據淮南子注必字於將字旁，寫者因誤溷入正文耳。適威篇：「其馬必敗，」莊子達生篇作「將敗，」與此同例。

有度

當無私矣。

案書鈔三七引當作常，古通。

非愛貴也。

案畢本改貴為費，是也。書鈔引貴亦作費。

通意之悖。

案通本作徹，此漢人避武帝諱所改也，莊子庚桑楚篇正作儆。莊子悖作勃，下同。釋文：『勃，本又作悖。』與此同。王念孫云：悖勃同義。

不蕩乎胷中則正。

案莊子蕩作盪，釋文：『盪，本亦作蕩。』與此同。蕩盪古通。

分職

石乞曰：患至矣。

案淮南子道應篇石乞下有入字，當從之。『石乞入』與下文『葉公入』對言。

宛春諫曰：

案六帖四引宛春作王孫賈。

公曰：天寒乎？

案藝文類聚五引作「何寒哉？」御覽三四引乎亦作哉。

公衣狐裘，坐熊席。

案類聚、御覽，引公竝作君，與下文一律。六帖引公亦作君，坐上有而字。

陬隅有竈，是以不寒。

案類聚、六帖，引「陬隅有竈，」竝作「四陬有火，」御覽引同，又引是以作是故。

履決不組。

畢沅云：「新序作苴。」案御覽引組亦作苴。

君則不寒矣，民則寒矣。

案上矣字疑涉下矣字而衍，治要、類聚、六帖、御覽引，皆無上矣字，新序刺奢篇同。

福將歸於春也，而怨將歸於君。

畢沅云：「新序福作德，御覽三四同。」案御覽引德上尚有是字，新序同。下文注：「未見其德，」卽本此言，是正文福原作德。下文「若是則受賞者無德，而抵誅者無怨矣。」亦以德怨對言，與此一律。又案御覽引上將字作必，無「而怨將歸於君」句，而有不可二字。疑

『而怨將歸於君』下，原有不可二字，御覽益略引『而怨將歸於君』句耳。

慎小

突洩一熛，而焚宮燒積。

案畢本據日抄改熛爲熛，是也。一切經音義五七、五九，引熛竝作熛。説文：『熛，火飛也。讀若標。』

豈獨兵乎？

舊校云：『豈獨兵乎，一作：非獨兵也。』案注：『言非獨信用兵以成功也。』疑所見本原作『非獨兵也。』

士容論

其鄰假以買取鼠之狗。

畢沅云：『舊校云：「一本作：其鄰借之買鼠狗。借猶請也。」今案御覽九百五作「其鄰藉之買鼠狗。」則當作藉字。』案『借猶請也』四字，當是注文，非舊校語，是正文假原作借。事類賦二三引亦作『其鄰藉之買鼠狗。』古多用藉為借，作藉是故書。

朞年乃得之。

案御覽九百五、事類賦，引乃竝作而，而猶乃也。

而不取鼠。

案御覽、事類賦，引取竝作噉。

其志在獐麇豕鹿。

案御覽、事類賦，引獐竝作麞，獐即麞之俗。

狗乃取鼠。

舊校云：「一本作：狗則取鼠矣。」案御覽、事類賦引，竝作「則狗取鼠。」則狗疑狗則之誤到，則猶乃也。

則室偏無光。注：偏，半也。

案意林引作「則半室無光，」與注合。

務大

不知禍之將及之也。

畢沅云：「及之當作及己。」案諭大篇、孔叢子論勢篇，竝作及己。

故細之安，必待大。

注：『細，小也。』案諭大篇細正作小。

烏獲舉千鈞，又況一斤？

畢沅云：『淮南舉作舉。』案注：『若烏獲之力，以舉一斤，』是正文舉原作舉。淮南子一斤下有乎字。

上農。

貴其志也。

案亢倉子農道篇貴下有行字。

后稷曰：所以務耕織者，以為本教也。

陳昌齊云：『曰字衍。』案曰當作之，亢倉子作『古先聖王之所以茂耕織者，以為本教也。』可證。

農不出御。

松皋圓云：『農字誤，當作男。』案亢倉子農正作男。

任地

冬至後五旬七日，菖始生。注：菖，菖蒲。水草也。

案齊民要術一引菖作昌，注同，下文同。亢倉子農道篇亦作昌。當以作昌為正，說文無菖字。

辯土

地竊之也。

案地上當有則字，與下文『則苗相竊也，』『則草竊之也，』句法一律。

並生有行，故遬長。

案齊民要術一引作『吾苗有行，』亢倉子作『立苗有行，』吾蓋立之誤。

衡行必得，縱行必術。

案齊民要術引衡、縱作横、從。

其熟也欲相扶。

案亢倉子相下有與字，與上文『其長也欲相與居，』句法一律。

後生者為粃。

注：「粃，不成粟也。」案訓「不成粟，」則字當作秕，說文：「秕，不成粟也。」粃，惡米也，與秕異義。御覽八二三引粃正作秕，下同。

不收其粟而收其粗，上下安，則禾多死。

案畢本據亢倉子改粗為粃，下下補不字，是也。惟粃當作秕，說已見前。御覽引粗正作秕。

審時

其美二七以為族。

案畢本據初學記二七、御覽八四一，改美為莢，下文「

小英不實，」亦據改英為莢，是也。亢倉子此文美及下文英，亦並作莢。

莖相若，稱之得時者重。粟之多。

案此文當作「量莖相若，而稱之得時者重粟。」與下文「量粟相若，而舂之得時者多米。量米相若，而食之得時者忍饑。」句法一律。量粟緊承重粟而言，量米緊承多米而言，文理粲然明白。今本莖上挩量字，稱上挩而字，重下挩粟字，當補。「粟之多」三字，蓋「重粟」二字之注溷入正文者，當正。

呂氏春秋校補終

世説新語補正

世說新語補正

昔年好讀漢、魏、晉、宋人詩文，於諸作者之言行文華，參驗史傳之外，喜涉獵劉義慶世説新語及劉孝標注。時有所見，隨筆志錄，欄外行間，朱墨雜陳。因忙於斠箋史記、陶詩，未暇清理。一九六九年十月，楊勇君世説新語校箋，於香港大衆書局出版，流傳於學術界已五年矣。承楊君惠岷一册，其書網羅繁富，多所發明，與岷説往往暗合。近將楊説所未涉及或已涉及而未備者，據臺北藝文印書館景印日本前田侯家藏宋本，詳加補正，條列成篇，聊獻其糟䰟之見於同好云爾。

德行第一

案論語先進篇皇侃疏引晉范寧曰：『德行，謂百行之美也』。抱朴子外篇文行：『或曰：德行者本也。文章者末也。故四科之序，文不居上』。世説新語上卷四篇，仿孔門四科之序，蓋亦以德行爲本也。

欲先看之。

案太平廣記一六四引梁殷芸小說，看作詣。

主簿曰：『羣情欲府君先入廨』。陳曰：『武王式商容之閭，席不暇煗。……』注：『許叔重曰：商容，殷之賢人，老子師也』。

案殷芸小說欲下有令字，廨作拜，式作軾，煗作暖。式，軾古通，釋名釋車：『軾，式也。所伏以式敬者也』。暖，俗煖字。廣雅釋詁三：『煖，煗也』。王念孫疏證云：『煖與煗同』。書僞武成：『式商容閭』。（荀子大略篇、呂氏春秋愼大篇、韓詩外傳三、淮南子主術篇、道應篇、泰族篇、史記周本紀、留侯世家、新序善謀篇，皆作『表商容之閭』）。淮南子脩務篇：『墨子無煖席』。文子自然篇同。劉子惜時篇：『墨翟遑遑，席不及煖』。文選班孟堅荅賓戲：『孔席不暖』。注引文子曰：『孔子無煖席』。與今本文子自然篇作墨子異。陳仲舉以『席不暇煗』屬之武王。未知何據。又注許叔重云云，乃淮南子主術篇『表商容之閭』之許注，今本竄入高誘注中，陶方琦淮南許注異同詁有說。

叔度汪汪，若萬頃之陂。

案後漢書黃憲傳『萬頃』作『千頃』，（楊勇君校箋已引）。王先謙集解引惠棟曰：『「千頃」續漢書作「萬頃」』。與此合。

鍾君至德可師。

案周禮地官師氏：『以三德教國子，一曰至德，以爲道本』。鄭注：『至德，中和之德』。

客有問陳季方：『足下家君太丘，有何功德，而何天下重名』？

楊君校箋本『而何』作『而荷』，云：『荷，宋本作何，今依各本。說文：何，儋也』。

案宋曾慥類說三一引季方下有曰字，『而何』亦作『而荷』。何、儋字，俗作荷、擔，宋本此文作何不作荷，正宋本之可貴也。

吾家君譬如桂樹生泰山之阿，

案類說引作『紀於家君猶桂樹生太山之阿』。淮南小山招隱士：『桂樹叢生兮山之幽』。

上爲甘露所霑，下爲淵泉所潤。當斯之時，桂樹焉知泰山之高，淵泉之深？

案蔡邕琴賦：『甘露潤其末』。類說引霑作沾，霑、沾正、假字。霑、潤互文，霑亦潤也。詩小雅信南山：『既霑既足』。孔疏：『既已沾潤』。蓋所據本霑作沾，釋爲潤也。莊子田子方篇：『其神經乎大山而無介，入乎淵泉而不濡』。（釋文：大音泰）。彼以『大山』『淵泉』對文，猶此以『泰山』『淵泉』對文也。

荀巨伯遠看友人疾，

楊云：類聚二十一、御覽四百九引世說均作『有友人疾』。

案宋本藝文類聚二一及御覽四百九引此並作『看友人疾』。太平廣記二三五引殷芸小說同。

吾今死矣。

案殷芸小説今作且，今、且並與將同義。

一郡盡空，汝何男子，而敢獨止？

案藝文類聚引作『一郡並空，汝何男子，敢獨止此』？御覽引作『一郡並空，汝何男子，輕大軍而敢獨止』？

寧以我身代友人命。

案藝文類聚、御覽引命上並有之字，殷芸小説同。

賊相謂曰，

案御覽引作『賊知其賢，自相謂言』。言疑本作曰，涉謂字偏旁而誤。

遂班軍而還。

案左襄十年傳：『請班師』。杜注：『班，還也』。藝文類聚引此作『疾旋軍而還』，御覽引作『疾促軍而還』。恐非其舊。

華歆遇子弟甚整，雖閑室之内，儼若朝典。注：『魏略曰：靈帝時與北海邴原、管寧俱遊學相善，時號三人爲一龍。謂歆爲龍頭，寧爲龍腹，原爲龍尾』。

案三國志魏志華歆傳裴注：『魏略曰：「歆與北海邴原、管寧俱游學，三人相善，時人號三人爲一龍。歆爲龍頭，原爲龍腹，寧爲龍尾」。臣松之以爲邴根矩之徽猷懿望，不必有愧華公；管幼安含德高蹈，又恐弗當爲尾。魏略此言，未可以定其先後也』。據松之之説，則時人以一龍之頭、腹、尾，分號歆、原、寧三人，次序甚明。然則此文劉注引魏略末二句『寧爲龍腹，原爲龍尾』。寧、原二字必互誤矣。

管寧、華歆共園中鋤菜。注：『傅子曰：寧字幼安，北海朱虚人，齊相管仲之後也』。

案太平廣記二三五引作『管寧與華歆友善，嘗共園中鋤菜』。魏志管寧傳：『管寧字幼安，北海朱虚人也』。注：『傅子曰：齊相管仲之後也。昔田氏有齊，而管氏去之。或適魯，或適楚。漢興有管少卿，爲燕令，始家朱虚。世有名節，九世而生寧』。

見地有片金，管揮鋤與瓦石不異。華捉而擲去之。

案太平廣記引作『見地有黄金一片，管寧鋤不顧，與瓦石無異。華捉而擲之』。藝文類聚六五、御覽四百九引擲下亦並無去字。（初學記十七引裴啓語林，有去字，無之字）。

有乘軒冕過門者，

楊校箋本無冕字，云：『軒下，宋本有冕字，疑衍』。案書鈔九七、一三三、御覽六一一引此皆與宋本同，則冕字非衍。太平廣記引作『有乘軒冕者過門』，亦有冕字。惟軒可言乘，冕不可言乘，乘字蓋衍文耳。藝文類聚六九引此正作『有軒冕過門者』。莊子繕性篇：『軒冕在身，非性命之有也，物之儻來寄者也』。(今本命下脫『之有』二字)。

寧割席分坐，曰：子非吾友也！

案御覽四百十引魏志鍾繇傳曰：『管寧與華歆同學，歆聞車馬聲，出門。寧割席，曰：子非吾友也』！今本鍾繇傳無此文。

王朗每以識度推華歆。

案御覽二三引推下有伏字。伏與服古通，賞譽篇：『王平子邁世有儁才，少所推服』。『推伏』猶『推服』也。

王亦學之。

案御覽引學作斆，學乃斆之省，斆與效同。

有人向張華說此事，張曰：王之學華，皆是形骸之外，

案藝文類聚五、御覽引說並作稱，義同。莊子德充符篇：『申徒嘉(謂子產)曰：今子與我遊於形骸之內，而子索我於形骸之外，不亦過乎』？

後賊追至，王欲捨所攜人。歆曰：『……寧可以急相棄邪？』遂攜拯如初。

案史記項羽本紀：『楚騎追漢王，漢王急，推墮孝惠、魯元車下。滕公……曰：「雖急不可以驅，奈何棄之」？於是遂得脫』。此文記事與史文略近。

未嘗見其喜愠之色。

案論語公冶長篇：『令尹子文三仕爲令尹，無喜色；三已之，無愠色』。

損有餘補不足，天之道也。

案老子七十七章：『天之道，損有餘而補不足』。

理中淸遠，將無以德掩其言！

案類說三一引『理中』作『玄理』，言下有乎字。

所歷九郡義故，

案御覽五百五十引『九郡』作『州郡』。（楊校箋本改從『州郡』）。

何爲乃爾也！

案爾猶『如此』也。陶淵明雜詩十二首之八：『正爾不能得，哀哉亦可傷』！爾亦猶『如此』也。

郗公值永嘉喪亂，在鄉里甚窮餒，鄉人以公名德，傳共飴之。

楊校箋本無甚字、傳字，云：窮上宋本有甚字，共上宋本有傳字，蒙求下、白帖六、御覽三六七、四八六、五一八引世說皆無甚字、傳字，今據删。

案御覽三六七、四八七、五一二引値皆作遭，義同。諸書引此文皆有省略，宋本有甚字、傳字，葢存此文之舊。傳，讀如孟子滕文公篇『傳食於諸侯』之傳，『傳共飴之』，謂『展轉共以食食之』

也。

公常攜兒子邁及外生周翼二小兒往食。

案御覽四八六、五一二引『外生』並作『外甥』，生、甥古通，釋名釋親：『甥者生也』。

百里奚亦何必輕於五羖之皮耶？注：『楚國先賢傳曰：「百里奚，字井伯。……」說苑曰：「秦穆公使賈人載鹽於虞，諸賈人買百里奚以五羊皮。……公孫支讓其卿位，號曰五羖大夫」』。

案史記秦本紀：『晉獻公滅虞、虢，……虜百里傒(傒與奚同)，以爲秦穆公夫人媵於秦』。梁玉繩志疑云：『孟子言「百里奚知虞公之不可諫而去之秦」，知虞公之將亡而先去之，安得被執爲媵之事？被執爲媵者，虞大夫井伯也。史誤合爲一人，故于晉世家連書「井伯百里奚」。而於此紀以百里奚替井伯』。此文注引楚國先賢傳，亦以百里奚井伯爲一人，蓋從史記。又注引說苑云云，見臣術篇，字句有出入。呂氏春秋愼人篇：『百里奚之未遇時也，亡虢而虜晉(高注：虢當作虞)，飯牛於秦，傳鬻以五羊之皮。公孫枝(枝與支古通)得而說之。獻諸繆公。三日，請屬事焉。……繆公遂用之，謀無不當，舉必有功，號曰五羖大夫』。(末句畢沅新校正，據御覽四百二補)。

言行無玷，

案詩大雅抑：『斯言之玷，不可爲也』。

王長豫爲人謹順，事親盡色養之孝。

案下文『長豫與丞相語，恆以愼密爲端』。『謹順』與『愼密』相應，順借爲愼，莊子列禦寇篇：『順於兵，故行有求』。釋文本順作愼，卽順、愼通用之證。潘岳閑居賦序：『太夫人在堂，有羸老之疾，尙何能違膝下色養，而屑屑從斗筲之役乎』？

寧可不安己而移於它人哉？

案此孔子所謂『己所不欲，勿施於人』（論語衞靈公篇）也。宋景公不願以己之星禍移於百姓，亦此意。詳呂氏春秋制樂篇、淮南子道應篇、史記宋世家、新序雜事第四、論衡變虛篇。

乃至過罪而猶未已。

楊云：御覽五一六無過字。

案乃猶已也。御覽引此略過字。

我常自敎兒。注：『……客曰：「子奚不訓道之乎」？子眞曰：「豈嚴訓所變邪」？……』

案注『訓道』他本作『訓導』，道、導古、今字。『所變』猶『可變』。

非爲痛；身體髮膚，不敢毁傷，

楊校箋本痛下補『也但』二字，云：宋本無『也但』二字。御覽三七〇、八一六引世說作『非爲痛也；但身體髮膚，不敢毁傷』云云，今據改。

案楊君所稱御覽八一六，乃八一七之誤。孝經開宗明義章：『身體髮膚，受之父母，不敢毀傷』。宣潔行廉約，韓豫章遺絹百匹，不受。注：『中興書曰：……豫章太守殷羡見宣茅茨不完，欲爲改室。宣固辭』。

案史記伯夷列傳：『積仁絜行如此而餓死』。絜、潔古、今字。晏子春秋内篇雜下：『景公欲更晏子之宅，晏子辭』。中興書之『改室』，猶言『更室』耳。

貧者士之常。

案說苑雜言篇，榮啓期對孔子曰：『夫貧者士之常也』。(又見家語六本篇、御覽五百九引嵇康高士傳、皇甫謐高士傳、列子天瑞篇)。

既憂戚在貌，

案莊子讓王篇：『君固愁身傷生以憂戚不得也』。

時人以爲純孝之報也。

案左隱元年傳：『君子曰：潁考叔，純孝也』。杜注：『純猶篤也』。

言語第二

昔堯聘許由，面無怍色。注：『皇甫謐曰：由字武仲，……世世奉祀，至今不絶也』。

案注引皇甫謐云云，見高士傳卷上，文頗有出入。後漢書崔駰傳注引莊子：『許由字武仲，隱於沛澤之中。堯聞之，乃致天下而讓焉。由以爲汚，乃臨池洗耳。其友巢父飲犢，聞由爲堯所讓，曰：「何以汚吾犢口」？牽於上流而飲之』。與高士傳之文較合，今本莊子無此文。

先生何爲顛倒衣裳？

案詩齊風東方未明：『顛倒衣裳』。

人語之曰：『若令月中無物，當極明邪』？徐曰：『不然。……』注：『五經通義曰：月中有兔、蟾蜍者何？月陰也。蟾蜍亦陰也，而與兔並明，陰繫於陽也』。

楊云：『然，事類賦一、廣記一六四均作爾。蟾蜍，亦作蟾蠩，後書天文志注：「羿請無死之藥於西王母，姮娥竊以奔月，是爲蟾蠩」。後稱月爲蟾蜍，本此』。

案御覽四引然亦作爾（誤爲晉書文），義同。藝文類聚一引五經通義曰：『月中有兎與蟾蜍，何？月，陰也。蟾蜍，陽也，而與兎並明。陰係陽也』。（又見御覽四，『蟾蜍』作『蟾蠩』，係下有於字）。此文注引五經通議（議與義古通），『蟾蜍，亦陰也』。當作『蟾蜍，陽也』。乃與下文『陰擊於陽』相符。楊君稱後漢書注云云，本張衡靈憲。淮南子覽冥篇亦云：『羿請不死之藥於西王母，姮娥竊以奔月』。高注：『奔入月中爲月精也』。

昔先君仲尼，與君先人伯陽，有師資之尊。

案呂氏春秋當染篇：『孔子學於老聃』。韓詩外傳五亦云：『仲尼學乎老聃』。史記孔子世家、老子列傳、家語觀周篇，皆載孔子適周，問禮於老子事。

太中大夫陳韙後至，人以其語語之。韙曰：『小時了了，大未必佳』。文舉曰：『想君小時必當了了』。韙大踧踖。注：『……融別傳曰：「融四歲，與兄(原誤元)食梨，輒引(原誤尉)小者。人問其故，答曰：小兒，法當取小者。……」』

楊校箋本陳韙作陳煒，云：『陳煒，宋本作陳韙，後漢書孔融傳作陳煒，注云：「煒，音于匭反」。魏書崔琰傳注引續漢書亦作陳煒，是，今據正』。

案陳煒，此作陳韙，韙、煒並諧韋聲，古蓋通用。注引融別傳云云，後漢書孔融傳注作融家傳。御覽九六九引文士傳亦云：『孔融年四歲，與諸兄食梨，輒取其小者。人問其故，答曰：「我小兒，法當取小者」。由此宗族奇之』。

大人豈見覆巢之下，復有完卵乎？

案陸賈新語輔政篇：『秦以刑罰爲巢，故有覆巢破卵之患』。

昔者祁奚內舉不失其子，外舉不失其讎，以爲至公。

案祁奚舉子、舉讎事，見左襄三年傳(如注引)及史記晉世家。又左襄二十一年傳：『叔向曰：祁大夫，外舉不棄讎，內舉不失親』。

春秋之義，內其國而外諸夏。

案公羊成十五年傳：『春秋內其國而外諸夏』。

衡揚枹爲漁陽摻檛，淵淵有金石聲。

楊校箋本摻作參，云：參，宋本作摻，今依後漢書禰衡傳改，御覽三〇同，是也。

案御覽三十引枹作桴，枹、桴正、假字，說文：『枹，擊鼓杖也』。摻諧參聲，與參古通，後漢書禰衡傳王先謙集解引惠棟曰：『楊文公談苑載禰衡鼓歌云：「邊城晏開漁陽摻，黄塵蕭蕭白日暗」。徐鍇云：「摻音七鑒反，三檛鼓也」。以其三檛鼓，故因謂之參』。然則宋本此文之作摻，正與禰衡鼓歌合矣。詩小雅采芑：『伐鼓淵淵』。傳：『淵淵，鼓聲也』。

禰衡罪同胥靡，不能發明王之夢。

案呂氏春秋求人篇：『傅說，殷之胥靡也』。高注：『胥靡，刑罪之人也』。史記殷本紀：『武丁夜夢得聖人，名曰說。以夢所見視羣臣百吏，皆非也。於是迺使百工營求之野，得說於傅險中，（索隱：舊本作險，亦作巖也）。是時，說爲胥靡，築於傅險』。

昔伯成耦耕，不慕諸侯之榮。注：『莊子曰：堯治天下，伯成子高立爲諸侯；禹爲天子，伯成辭諸侯而耕於野。……』

案注引莊子云云，見天地篇。又見呂氏春秋長利篇、新序節士篇。

原憲桑樞，不易有官之宅。注：『家語曰：原憲字子思，宋人，孔子弟子。居魯，環堵之室，茨以生草，蓬戶不完，桑樞而甕牖，……』

案史記仲尼弟子列傳：『原憲，字子思』。集解：『鄭玄曰：魯人』。梁玉繩志疑云：『家語云「宋人」。當以鄭爲信』。高士傳上亦云『宋人』。注引家語云云，見七十二弟子解，本作『原憲，宋人，字子思』。無『孔子弟子』以下之文。『居魯』以下，見莊子讓王篇，(又見御覽四百引子思子、韓詩外傳一、新序節士篇、高士傳上)。疑劉氏據莊子文補之也。

雖有竊秦之爵，注：『古史考曰：「呂不韋爲秦子楚行千金貨於華陽夫人，請立子楚爲嗣。及子楚立，封不韋洛陽十萬戶，號文信侯。」……』

案古史考云云，本史記呂不韋傳。戰國策秦策五，謂『子楚立不韋爲相，號曰文信侯，食藍田十二縣』。

可令二子來。

案御覽三八五引令下有卿字，太平廣記一七四引殷芸小說同。

帝曰，

案御覽引帝下有問字，殷芸小說同。

汗不敢出。

楊校箋本敢作得，云：得，宋本作敢，非。今依御覽三八五、事文後一八改。

案殷芸小說亦作得，敢、得並與能同義，史記封禪書：『牽拘於詩書古文而不能騁』。漢書郊祀志能作敢，莊子列傳：『自王公大人不能器之』。高士傳中能作得，卽其證。是敢無庸改爲得矣。

因共偸服藥酒。

楊云：『藥酒』卽『散酒』，書鈔八五、事類賦一七、御覽八四五正作『散酒』。

案殷芸小說亦作『散酒』。

會飲而不拜。注：『魏志曰：會字士季，繇少子也。敏惠夙成。……』

案注引魏志云云，魏志鍾會傳『少子』作『小子』，敏上有少字，惠作慧。少、小同義，既言『敏惠夙成』，則敏上不必有少字，惠、慧古通，其例習見。

偸本非禮，

楊校箋本偸下有酒字，云：偸下，書鈔八五、事類賦一七、御覽八四五均有酒字，今據增。

案上文已言『偸服藥酒』，則此偸下不必有酒字，殷芸小說卽作『偸本非禮』。前記孔文舉小兒盜酒飲事，大兒問其何以不拜？答曰：『偸那得行禮』。偸下無酒字，與此同例。

卿瞳子白黑分明，有白起之風。注：『嚴尤三將敍曰：白起。平原君勸趙孝成王受馮亭，王曰：「受之，秦兵必至，武安君必將，誰能當之者乎」？對曰：「澠池之會，臣察武安君，小頭而面銳，瞳子黑白分明，……』……』

案注引嚴尤三將敍云云，又見藝文類聚十七。御覽三六四引春秋後語亦云：『平原君曰：澠池之會，臣察武安君之爲人，小頭而銳，瞳子白黑分明，視瞻不轉。小頭而銳，斷敢行也。瞳子白黑〔分明〕，見事明也。視瞻不轉，執志強也。可以持久，難與爭鋒。廉頗足以當之』。（又略見三六六）。

寸管能測往復之氣。注：『呂氏春秋曰：黄帝使伶倫自大夏之西，崑崙之陰，取竹之嶰谷，生其竅厚薄均者，斷兩節，間而吹之，以爲黄鐘之管。……』

案注引呂氏春秋云云，見古樂篇。『生其竅厚薄均者』，本作『以生空竅厚鈞者』，管本作宮，說苑修文篇同。風俗通聲音篇亦載此事，『生其』字，管字，並與此文同。『生其』猶『生而』也。史記孔子世家：『昔秦穆公國小處辟，其覇何也』？說苑尊賢篇、家語賢君篇其並作而，卽其、而同義之證。

取上黨李喜，

案文選羊叔子讓開府表：『據今光祿大夫李喜，秉節高亮，正身在朝』。胡克家考異云：『陳云：「喜，晉書作憙爲是」。今案喜、憙古字通』。戰國策中山策司馬憙，鮑本憙作喜，史記高祖本紀：『秦人憙』。北宋景祐本憙作喜，並喜、憙古通之證。

定是幾芟？

楊校箋本定作爲，云：爲，宋本作定。類聚二五、御覽七四○、事文別二○均作爲，今據改。

案定、爲並與當同義，無煩改字。陶淵明擬古詩之三：『我心固匪石，君情定何如』？定亦猶當也，此義前人未發。爲、當同義，裴學海古書虛字集釋二有説。

王大咨嗟。注：『向秀別傳：秀字子期，……其進止無固必。……』

案注『其進止無固必』，御覽四百九引向秀別傳作『其趍舍進止無不必同』。（趍，俗趨字。必與畢通）。竊疑『無固必』三字，乃此文之舊。論語子罕篇：『子絕四：毋意、毋必、毋固、毋我』。（毋，亦作無，同）。蓋此『無固必』所本。

北窗作琉璃扇屏風。

楊校箋本無扇字，云：璃下宋本有扇字，袁（褧）本作『北窗作琉璃屏』，事類賦一、事文前三與袁本同。初學記一、御覽四作『北窗作琉璃屏風』。又御覽八○八作『北窗作琉璃扉』。疑衍扇字。

案此文蓋一本作『北窗作琉璃扉』，如御覽八百八所引；一本作『北窗作琉璃屏風』，如初學記一、御覽四所引；其作『北窗作琉璃屏』者，略風字耳。宋本誤合二本爲一，又誤扉爲扇也。

臣猶吳牛，見月而喘。

案御覽四引風俗通（佚文）云：『吳牛望見月則喘。使之苦於日，見月怖，喘矣』。

求英奇於仄陋，

案書堯典：『明明揚側陋』。史公堯本紀，說『側陋』爲『疏遠隱匿者』。仄、側正、假字。

夜光之珠，不必出於孟津之河。注：『舊說云：隨侯出行，有蛇斬而中斷者，侯連而續之，蛇遂得生而去。後銜明月珠以報其德，光明照夜同晝，因曰隨珠。……』

案史記李斯列傳正義引說苑(佚文)云：『昔隨侯行，遇大蛇中斷，疑其靈，使人以藥封之，蛇乃能去。因號其處爲斷蛇丘。歲餘，蛇銜明珠徑寸，絕白而有光，〔以報隨侯〕，因號隨珠』。淮南子覽冥篇高注，亦有類此之文。

得無諸君是其苗裔乎；

案史記項羽本紀贊：『羽豈其苗裔邪』？御覽七八引邪作乎，義同。

各言其土地人物之美。

案御覽三百九十引其作『鄉里』。

其山崋巍以嵯峨，其水泙渫而揚波，其人磊砢而英多。

楊校箋本從御覽三百九十所引，『崋巍』作『崔嵬』。案『崋巍』與『崔嵬』同。亦作『崔巍』，史記司馬相如傳：『於是乎崇山巃嵸，崔巍嵯峩』。正義：『郭云：皆峻貌』。御覽引『磊砢』作『礧砢』，同。文選左太沖吳都賦：『金鎰磊砢』，注：『磊砢，眾多貌』。

長沙王親近小人，遠外君子。

案諸葛亮出師表：『親小人，遠賢士，此後漢所以傾頽也』。

由是釋然，

案文學篇，『殷中軍被廢』一則，『問所籤，便釋然』。莊子齊物論篇：『南面而不釋然』。

庾公造周伯仁。注：『晉陽秋曰：……伯仁將袪舊風，……』

楊云：袪，沈(寶研)校作法。

案廣雅釋詁三：『袪、啓，開也』。『袪舊風』，謂開啓舊風，於義自通，無煩改字。

每至美日，

楊校箋本從類聚二八、三九、御覽一九四、五三九、晉書王導傳、燉煌本殘類書新亭條，『美日』作『暇日』。案『美日』猶『良日』、『佳日』，宋本必有所承，兩存可也，不必改字。

輒相邀新亭，

楊校箋本從類聚、御覽、晉書，邀作『要出』。案出字可補，邀、要古通，無煩改字。

正自有山河之異。

楊校箋本從類聚、御覽、景定建康志二三引晉書王導傳、燉煌本殘類書新亭條，作『舉目有江河之異』。案宋本必有所承，無煩改易。陶淵明擬古之九：『種桑長江邊，三年望當採。枝條始欲茂，忽値山河改』。末句與『正自有山河之異』，所慨者同。

何至作楚囚相對？

楊校箋本從類聚三九、御覽一九四、晉書，對下補『泣邪』二字。案御覽五三九引對下有『而泣也』三字。

使卿延譽於江南，

案國語晉語七：『使張老延君譽于四方』。

初下車，隱數人，王公含笑看之。既坐，傲然嘯詠。

案隱借爲㥯，說文：『㥯，有所依也。讀與隱同』。（據段注本）。陶淵明飲酒詩之七：『嘯傲東軒下』。

比之甘羅，已爲太老。

案史記甘羅傳（附見甘茂傳）：『甘羅年十二，事秦相文信侯呂不韋』。顧炎武菰中隨筆云：『史記：「甘羅年十二，爲秦相文信侯呂不韋舍人」。後人誤以「年十二爲秦相」作一句，昔人辯之已明。然北齊彭城王浟答博士韓毅曰：「甘羅幼爲秦相，未聞能書」。則南北朝已有此語』。顧氏所引史記，非史文之舊，文意則略同。摯瞻所云『比之甘羅，已是太老』。葢亦以甘羅年十二爲秦相也。

梁國楊氏子九歲，甚聰惠，

案金樓子捷對篇作『揚子州年七歲，甚聰慧』。御覽九七二引金樓子作『楊周年七歲，甚聰惠』。楊下蓋略子字，州、周古通，左襄二十三年傳華周，漢書古今人表周作州，卽其比。惠、慧古亦通，初學記十七引劉劭幼童傳、御覽三八五及四六四引郭子並載此事，惠皆作慧。

孔君平詣其父，

案金樓子孔君平作孔永，御覽九七二引金樓子作『孔君平』，與此合。初學記引幼童傳、藝文類聚八七、御覽三八五及四六四引郭子，皆作孔君平。

兒應聲答曰：未聞孔雀是夫子家禽。

案御覽五一八引郭子載此，以爲孔融與楊脩問答事。

晏平仲之儉，祠其先人，豚肩不掩豆，猶狐裘數十年。注：『劉向別錄曰：「晏平仲名嬰，東萊夷維人。事齊靈公、莊公，以節儉力行重於齊」。……』

案禮記雜記下：『孔子曰：晏平仲祀其先人，豚肩不掩豆，賢大夫也，而難爲下也』。祠、祀古通。史記晏嬰列傳：『晏平仲嬰者，萊之夷維人也。事齊靈公、莊公、景公，以節儉力行重於齊』。卽劉向別錄云云所本。別錄莊公下蓋脫景公二字。

澄以石虎爲海鷗鳥。注：『……莊子曰：「海上之人好鷗者，每旦之海上，從鷗游。鷗之至者數百而不止。其父曰：『吾聞鷗鳥從汝游，取來翫之』。明日之海上，鷗舞而不下」』。

案注引莊子云云，乃佚文。文選江文通雜體詩注亦引之，文較詳，『數百』作『百數』，此誤倒。又見呂氏春秋精諭篇，鷗作蜻(卽青鳥)，『數百』亦作『百數』。列子黃帝篇鷗作漚，(鷗、漚正、假字)。『數百』作『百住』，張注：『住當作數』。

時無豎刀，故不貽陶公話言。注：『呂氏春秋曰：「管仲病，桓公問曰：『子如不諱，誰代子相者？豎刀何如』？管仲曰：『自宮以事君，非人情，必不可用』。後果亂齊。」』

案豎刀，他本作豎刁，注同。刁乃俗字，當從宋本。宋本管子戒篇、公羊僖十八年傳、北宋景祐本南宋補版史記齊世家，皆作豎刀。注引呂氏春秋云云，見知接篇，惟字句與史記齊世家所記較合，蓋直本於史記。劉注引二書同見之文，往往引自較晚之書，而標較早書名，此類是也。

此至佳，那得在？

案藝文類聚六九引作『麈尾過麗，何以得在』？御覽七〇三引語林同。

廉者不求，

案藝文類聚引求作取。(御覽引語林作求)。

桓公北征經金城。注：『桓溫別傳曰：溫字元子，譙國龍亢人，漢五更桓榮後也。……』

案注『五更』卽『五叟』，叟字隸書、俗書或作更，禮記文王世子及樂記『三老五更』，蔡邕獨斷云：『更或爲叟』。列子黃帝篇：『田更商丘開』，張注：『更當爲叟』。並其例。禮記鄭注，以三老五更爲年老更事之稱，非也。更非更事字。

蒲柳之姿，望秋而落；松柏之質，凌霜猶茂。

案御覽三八三引作『蒲柳之姿，望秋而先落；松柏之質，逢霜而彌盛』。盛字疑茂字聯想之誤。莊子讓王篇：『大寒既至，霜雪既降，然後知松柏之茂也』。（又見呂氏春秋愼人篇、淮南子俶眞篇、風俗通窮通篇）。

天命脩短，故非所計；政當無復近日事否？

案故與固同，固猶本也。政與正同，正猶但也。陶淵明神釋：『甚念傷吾生，正宜委運去』。『正宜』猶『但當』也，與此『政當』同義。

正賴絲竹陶寫。

案陶淵明贈羊長史：『得知千載外，正賴古人書』。亦用『正賴』一詞。

劉尹與桓宣武共聽講禮記，桓云：『時有入心處，便覺咫尺玄門』。劉曰：『此未關至極，自是金華殿之語』。

案『便覺咫尺玄門』以上，又見藝文類聚五五引語林。日本舊鈔卷子本莊子天下篇：『雖未至於極（陳碧虛闕誤引江南李氏本、文如海本並無於字），關尹、老聃乎，古之博大眞人哉』！此若天之自高耳。

楊云：『程(炎震)箋：天之自高，莊子田子方篇語。劉氏失注』。

案莊子田子方篇：『若天之自高』，知北遊篇：『天不得不高』。

夏禹勤王，手足胼胝。

案史記李斯列傳，稱禹『決渟水，致之海，……手足胼胝』。

文王旰食，日不暇給。注：『尚書曰：文王自朝至于日昊，不遑暇食』。

案說文：『旰，晚也』。左昭二十年傳：『楚君大夫，其旰食乎』？杜注：『將有吳憂，不得早食』。注引尚書云云，見無逸(日下原有中字)。治要引尚書昊作昃。漢書董仲舒傳：『周文王至於日昃不暇食』。(本尚書)。師古注：『昃亦昊字』。

秦任商鞅，二世而亡。注：『戰國策曰：衞鞅，衞諸庶孽子也。名鞅，姓公孫氏。少好刑名學，爲秦孝公相，封於商』。

案注引戰國策云云，乃史記商君列傳文。因戰國策亦載商鞅事，故標戰國策之名。

論青、楚人物。注：『滔集載其論略曰：……於陵子仲、……』

楊校箋本注於陵子仲，依袁本作於陵仲子。案戰國策齊策四、史記鄒陽傳並作於陵子仲。史記索隱引列士傳云：『字子終』。列女傳賢明篇楚於陵妻傳亦作於陵子終。漢書人表作於陵子中，(王先謙補注：官本子中作中子)。仲、中、終，古並通用。新序雜事三作於陵仲子。(與此袁本合)。

仲上略子字（古人名字中之子字，可略），仲下增子字，則美稱也。此文舊注，則必作於陵子仲也。

雖未覩三山，便自使人有陵雲意。

案史記司馬相如傳：『相如既奏大人之頌，天子大說，飄飄有淩雲之氣，似游天地之閒意』。漢書揚雄傳：『往時武帝好神仙，相如上大人賦，欲以風帝，反縹縹有陵雲之志』。陵、淩古通。

有人遺其雙鶴。

案藝文類聚九十、御覽九一六引此並作『時有遺其雙鶴者』。御覽三八九引作『時有人遺其雙鶴』。

鶴軒翥不復能飛。

案御覽三八九引作『鶴騫翥不能復起』。騫當作鶱，『軒翥』、『鶱翥』，並複語。文選王仲宣贈蔡子篤詩：『歸鴈載軒』，注：『軒，飛貌』。說文：『鶱，飛皃。翥，飛舉也』。廣雅釋詁三：『鶱、翥，飛也』。（舊本鶱誤騫，王念孫疏證有說）。楚辭遠遊：『鸞鳥軒翥而翔飛』。洪興祖校引一本軒作鶱，朱熹校引一本軒作鶱；張衡西京賦：『鳳鶱翥於甍標』。說文繫傳引鶱作騫（誤爲班固西都賦），騫皆鶱之誤也。又藝文類聚九十、御覽九一六引此，飛亦並作起，飛字疑涉上文『欲飛』而誤。

於是高侍中往，

案『於是』猶『於時』，爾雅釋詁：『時，是也』。

自言見止足之分。

案老子四十四章：『知足不辱，知止不殆』。潘岳閑居賦：『於是覽止足之分』。

桓征西治江陵城，甚麗。注：『盛弘之荆州記曰：「荆州城臨漢江，臨江王所治，王被徵，出城北門，而車軸折。父老泣曰：『吾王去不還矣！』從此不開北門」』。

案史記五宗世家：『臨江王榮坐侵廟壖垣爲宮。上徵榮，榮行，祖於江陵北門。既已上車，軸折車廢，江陵父老流涕竊言曰：吾王不反矣』！水經江水注亦載此事，與荆州記云云尤合。

遙望層城，丹樓如霞。

案淮南子地形篇：『昆侖墟有增城九重』。文選張平子思玄賦注引增作層，古字通用。此以層城喻江陵城也。

然亦何與人事？注：『晉諸公贊曰……卽富(原誤當)貴，無相忘。……』

案注，卽猶苟也，史記陳涉世家：『苟富貴，無相忘』。

謝公兄弟與諸人松庭講習，

案書鈔九八、藝文類聚五五、御覽六一七引謝公皆作謝太傅。楊校箋本從袁本，『松庭』作『私庭』。松乃私之誤。藝文類聚、御覽並引作『私逆』，逆蓋廷之誤，廷、庭古通。

何以知爾？

案爾猶此也。文學篇：『田舍兒強學人作爾馨語』。(馨，語助)。爾亦此也。

郊邑正自飄瞥，林岫便自浩然。

案陶淵明癸卯歲十二月中作與從弟敬遠一首：『傾耳無希聲，在目皓已潔』。狀雪之速積，與此二句相似，絕佳！

頗有嫉已者。

楊校箋本從御覽九七三所引，已作之。案已乃己之誤，作己、作之，並可。

山崩溟海竭，

案國語周語上：『山崩川竭』。（又見史記周本紀、說苑辨物篇）。

聲如震雷破山，

案莊子齊物論篇：『疾雷破山』。（又見高士傳上）。

卿觀過江諸人經緯，

案莊子寓言篇：『年先矣，而無經緯本末以期來者，是非先也』。（今本『來者』誤『年耆者』）。成疏：『上下爲經，傍通爲緯』。此文『經緯』一詞，蓋本莊子，謂上下傍通之才智也。

王曰：卿知見有餘，何故爲苻堅所制？

案史記淮陰侯列傳：『上笑曰，多多益善，何爲爲我禽』？（『何爲』猶『何故』）。與此句法相似。

方此爲劣。

案陶淵明影答形：『酒云能消憂，方此詎不劣』？

左右辭不之通。

案之猶與也。

將不畏影者未能忘懷？注：『莊子云：「漁父謂孔子曰：人有畏影惡跡而去之走者，舉足逾數，而跡逾多。走逾疾，而影不離。自以尚遲，疾走不休，絕力而死，不知處陰以休影，處靜以息跡，愚亦甚矣！……」』

案漢書枚乘傳：『人性有畏其影而惡其迹者，卻背而走，迹愈多，影愈疾。不知就陰而止(王念孫雜志從文選，校『不知』爲『不如』之誤)，景滅迹絕』。(又見說苑正諫篇)。亦本莊子漁父篇。陶淵明五柳先生傳：『忘懷得失』。

政事第三

令吏殺焉。

案焉猶之也。

鞭撻寗越以立威名，恐非致理之本。注：『呂氏春秋曰：寗越者，中牟鄙人也。……學二十年，則可以達矣。……學十五歲而爲周成公之師也』。

楊校箋本『致理』作『致治』，云：『宋本作「致理」，晉書王承傳作「政化」，蒙求中作「致化」，皆非。當作「致治」。作「致理」者，避唐諱也』。

案『致理』晉書作『政化』，政葢致之誤。宋本理字固是承唐人避高宗諱治所改；晉書、蒙求化字，亦是唐人避高宗諱所改也。史記商君列傳：『子觀我治秦也，孰與五羖大夫賢』？文選司馬子長報任少卿書注引治作化，亦同此例。注引呂氏春秋云云，見博志篇。（王念孫校云：博當爲摶，與專同）。『二十』，楊校作『三十』。呂氏春秋、說苑建本篇並作『三十』。明程榮漢魏叢書本說苑作『二十』，與此合。周成公，楊據呂氏春秋、說苑校作周威公，是也。漢書藝文志班固自注誤爲周威王，文選韋弘嗣博弈論注引呂氏春秋亦誤作周威王。

正封籙諾之。

案正猶止也，字亦作政，規箴篇：『殷覬病困，看人政見半面』。劉淇助字辨略四有說。

人言我憒憒，後人當思此憒憒。

案廣雅釋訓：『憒憒，亂也』。王氏疏證云：『大雅召旻篇：「潰潰回遹」。傳云：「潰潰，亂也」。莊子大宗師篇云：「憒憒然爲世俗之禮」。憒與潰通』。

望卿擺撥常務，

案『擺撥』猶『擺落』。陶淵明飲酒詩之十二：『擺落悠悠談』，是也；亦卽『擺脫』，韓偓送人入道詩:『擺脱是良圖』,是也。

桓公在荆州,全欲以德被江、漢。

楊云:書鈔四五、御覽鮑本六五〇無全字。

案宋本御覽(世説誤世祖)亦無全字,渚宫舊事五同,葢不得其義而删之。世説習用都字,凡用都字之句,主語往往是單數,(楊伯峻列子集釋附錄三,列子著作年代考,有説甚詳)。全猶都也。

正從朱衣上過。

楊云:正,事文别一六、二二作止。

案渚宫舊事正亦作止。劉淇云:『正猶止也』。

意譏不著,

楊云:譏下,書鈔、御覽鮑本有其字。

案宋本御覽譏下亦有其字。(渚宫舊事無其字)。

刺史嚴,不敢夜行。

案史記李將軍列傳:『尉曰:今將軍尚不得夜行,何乃故也』!

王僧彌來,聊出示之。注:『僧彌,王珉小字也。珉别傳曰:珉字季琰,……』

案御覽二百二十引王珉别傳曰:『珉字季琰。詔曰:新除侍中王珉,才學廣贍,理識清通,宜處機近，以參時務。其以珉爲長，兼中書令』。

皋陶造刑辟之制，不爲不賢。注：『古史考曰：庭堅號曰皋陶，舜謀臣也。舜舉之於堯，堯令作士，主刑』。

案書堯典：『帝（舜）曰：皋陶，蠻夷猾夏，寇賊姦宄，汝作士』。（僞古文在舜典）。史記舜本紀，『帝曰』作『舜曰』，是舜令皋陶作士，非堯令作士也。藝文類聚十一引帝王世紀，稱舜命『皋繇爲士，典刑』。金樓子興王篇亦謂舜命『咎繇爲士』。（皋與咎、陶與繇，並古字通用）。

孔丘居司寇之任，未爲不仁。注：『家語曰：孔子自魯司空爲大司寇，七日而誅亂法大夫少正卯』。

案荀子宥坐篇：『孔子爲魯攝政，朝七日而誅少正卯』。（楊注：爲司寇而攝相也）。注引家語云云，見始誅篇，『亂法』本作『亂政』，史記孔子世家亦作『亂政』。

文學第四

案論語先進：『文學：子游、子夏』。皇疏：『范寧曰：「文學，謂善先王之典文」』。文學，指博學古文』。邢疏則釋爲『文章博學』。（公冶長篇：『子貢曰：夫子之文章，可得而聞也』。皇疏：『文章者，六藉也』）。諸家所釋文學，皆指經典而言。漢書西域傳：『諸大夫郎爲文學者』，師古注：

『爲文學，謂學經書之人』。亦承論語文學之義。世說所謂文學，雖本論語四科之一，而內容包羅更廣，經學、玄學、佛學、純文學皆屬之。

鄭玄在馬融門下，注：『融自敍曰：「……融以謂古人有言：『左手據天下之圖，而右手刎其喉，愚夫不爲。何則？生貴於天下也』。……」』

案注引融自敍，『以謂』猶『以爲』。『何則』，後漢書馬融傳作『所巳然者』。御覽四七四引韓詩外傳(佚文)：『莊子曰：「……僕聞之：左手據天下之圖，右手刎其吭，愚者不爲也」』。淮南子精神篇：『使之左手據天下圖，而右手刎其喉，愚夫不爲。由此觀之，生貴于天下也』。(今本左下脫手字，貴誤尊)。泰族篇亦云：『使人左據天下之圖，而右刎喉，愚者不爲也。身貴於天下也』。融敍云云，蓋直本於淮南子。

玄就車與語曰：『吾久欲注，尚未了。聽君向言，多與吾同。今當盡以所注與君』。遂爲服氏注。

案後漢書儒林服虔傳：『作春秋左氏傳解，行之至今』。王氏集解引惠棟曰：『經籍志云：「服虔春秋左氏傳解誼三十一卷」』。案服氏解誼，僖十五年「遇歸妹之睽」，文十二年「在師之臨」，皆以互體說易，與鄭氏合。世說所稱爲不謬矣』。所稱『文十二年』，文乃宣之誤。

既定，畏其難，懷不敢出。

楊校箋本『旣定』作『旣詣』，云：御覽三九四引世說作『旣詣』，續談助四作『旣詣宅』。今依御覽。

案『旣定』，當從續談助作『旣詣宅』。定乃宅之誤，上又脫詣字也。御覽三九四引此作『旣詣定』，(非作『旣詣』)。詣字未脫，定亦宅之誤。又『畏其難，懷不敢出』。御覽引作『畏其有難，不敢相示』。

便面急走。

案漢書張敞傳：『自巳便面拊馬』。師古注：『便面，所以障面，葢扇之類也。不欲見人，以此自障面而得其便，故曰便面；亦曰屏面』。王莽傳：『後常翳雲母屏面』。注：『屏面卽便面，葢扇之類也』。師古謂『屏面卽便面』，是也。謂『以此自障面而得其便，故曰便面』。則是望文生訓。屏、便正、假字，說文：『屏，蔽也』。此文『便面』，非扇類，惟便亦屏之借字，『便面急走』，猶言『蔽面急走』耳。

晏聞弼名，

案書鈔九八引作『晏乃到履迎之』。(孔廣陶校註：御覽六百十七引到作倒。到，古倒字)。御覽四七四引作『聞弼來，乃到屣迎之』。屣、履古通，廣雅釋器：『屣，履也』。今本此文名下葢脫『乃到履迎之』五字。(楊校箋本據書鈔、御覽所引，定作『晏聞弼來，乃倒屣迎之』)。後漢書王符傳：『王符在門，(皇甫)規素聞符名，乃驚遽而起，衣不及帶，屣履出迎』。三國志魏志王粲傳：『時(蔡)邕才學顯著，貴重朝廷，常車騎塡巷，賓客盈坐。聞粲在門，倒屣迎之』。並與晏之迎弼相似。

因條向者勝理語弼，

案晉書王述傳，述與(庾)冰牋有云：『且當擇人事之勝理』。亦用『勝理』一詞。

用以所注爲道德二論。

楊云：魏志曹爽傳作道德論，本篇10同。『道德論』與『道德二論』，不知爲一書，或爲二書，今不可考。

案鍾嶸詩品序：『孫綽、許詢、桓、庾諸公詩，皆平典似道德論。謂何晏道德論也。列子天瑞篇張湛注引何晏道論：『有之爲有，恃無以生；事而爲事，由無以成。夫道之而無語，名之而無名，視之而無形，聽之而無聲，則道之全焉。故能昭音響而出氣物，包形神而章光影；玄以之黑，素以之白，矩以之方，規以之圓。圓方得形而此無形，黑白得名而此無名也』。所引既爲道論，然則道德二論者，蓋道論與德論二篇，合爲一書者與？

王輔嗣弱冠詣裴徽，

案魏志鍾會傳注引何劭王弼傳云：『時裴徽爲吏部郎，弼未弱冠，往造焉』。與此言『弱冠』異。

聖人體無，無又不可爲訓，故言必及有；老、莊未免於有，恆訓其所不足。

案『故言』以下，何劭王弼傳作『故不說也；老子是有者也。故恆言無所不足』。此文老、莊，當從彼文作老子，(蓋聯想之誤)。徽僅問及老子也。彼文『恆言』下無字，當從此文作其，(涉上諸無字而誤）。無爲萬物之所資，故足；有則不足。老子是有，故恆言其所不足也。

傅嘏善言虛勝，注：『魏志曰：「嘏字蘭碩。……」傅子曰：「……嘏以朋知交會」』。

楊云：注碩，魏志傅嘏傳作石。『朋知』，傅嘏傳作『明智』。

案碩、石古通，莊子外物篇：『嬰兒生無石師而能言』。唐寫本石作碩，即其比。『朋知』，魏志傅嘏傳注引傅子作『明智』，朋乃明之誤。

小極，

案下言『身今少惡』，『小極』猶『少惡』，猶言『少困』也。釋名釋言語：『惡，扼也，扼困物也』。

如小屈。

案如猶則也。後『劉眞長與殷淵源談』一則，『劉理如小屈』。亦同例。

宏後看莊、老，

案不言老、莊，而置莊於老之上，蓋魏、晉風尚，好莊尤甚於好老也。前『何晏爲吏部尚書』一則，注引王弼別傳，稱弼『十餘歲便好莊、老』。後『簡文稱許掾云』一則，注引續晉陽秋：『正始中，王弼、何晏好莊、老玄勝之談』。賞譽篇『王太尉云』一則，注引名士傳曰：『子玄有儁才，能言莊、老』。又『王平子邁世有儁才』一則，注引衞玠別傳，稱玠『善通莊、老』。嵇康酒會詩七首之四：『猗與莊、老，棲遲永年』。文選干寶晉紀總論：『學者以莊、老爲宗』。注引干寶晉紀：『劉弘教曰：太康以來，天下共尙無爲，貴談莊、老』。總論下文注又引王隱晉書：『王衍不治經史，唯以莊、老虛談惑衆』。文心雕龍明詩篇：『宋初文詠，體有因革，莊、老告退，而山水方滋』。凡此皆置莊於老上，可證魏、晉之風尙者也。

庾子嵩讀莊子，

案陶淵明集，集聖賢羣輔錄下，列晉中朝八達，中有『潁川庾敳，字子嵩』。

直以塵尾柄确几，……注：『……故飛鳥之影莫見其移，馳車之輪曾不掩地。……』

案确借爲觸。莊子天下篇：『輪不蹍地，……飛鳥之影未嘗動也』。一切經音義五九引莊子輪上有車字，與此注尤合。

郭象者，爲人薄行，有儁才。見秀義不傳於世，遂竊以爲己注；乃自注秋水、至樂二篇，又易馬蹄一篇，其餘衆篇，或點定(二字原誤倒)文句而已。後秀義別本出，故今有向、郭二莊，其義一也。

案晉書郭象傳從世說此說。惟於向秀傳則謂『莊周著內外數十篇，秀爲之隱解；郭象又述而廣之』。所謂『述而廣之』，乃得其實。岷於一九四二年(民國三十一年)六月，曾撰莊子向郭注異同考一篇，一九四六年十二月，粗加改定，發表於國立中央圖書館館刊第一卷第四號(開明書店印行)，以向、郭二注詳加比勘，證明非僅文句多所出入；卽義旨亦各有主。向氏立論，常持物之外有不生不化之主宰，郭氏則重在物之自生自化。此不可一概誣其相同者也。

將無同！

案裴學海云：『將猶得也。識鑒篇「武昌孟嘉作庾太尉州從事」條，注引嘉別傳：「將無是乎」？政事篇「殷仲堪當之荆州」條，「與本操將不乖乎」』？（古書虛字集釋八）。莊子漁父篇：『得無太甚乎』！『得無』亦與『將無』同義。

遂相與爲友。

案莊子大宗師篇：『遂相與爲友』。

王、裴子弟皆悉集。

楊校箋本據各本删皆字。案『皆悉』，複語。各本無皆字，恐非其舊。

遂達旦微言。

案呂氏春秋精諭篇：『白公問於孔子曰：人可與微言乎』？（又見淮南子道應篇、列子說符篇）。漢書藝文志序：『昔仲尼沒而微言絕』。（李奇注：『隱微不顯之言也』。師古注：『精微要妙之言耳』）。阮侃答嵇康詩：『洙、泗久已絕，微言共誰聽』？世說此『微言』，亦精微要妙之言也。

於此病篤。

案此猶是也。

養生，注：『嵇叔夜養生論曰：頸處險而癭，……』。

案文選養生論注：『淮南子曰：「險阻之氣多癭。」謂人居於山險，樹木瘤，臨其水上，飲此水則患癭』。所引淮南子，見地形篇(今本無之字)。博物志：『山居之民多癭腫疾，由於飲泉之不流者』。

身今日當與君共談析理。

案莊子天下篇：『析萬物之理』。嵇康琴賦：『非至精者不能與之析理也』。

理亦應阿堵上。注：『佛經之行中國尚矣，莫詳其始。牟子曰：「漢明帝夜夢神人，身有日光。明日博問羣臣，通人傅毅對曰：『臣聞天竺有道者，號曰佛，輕舉能飛，身有日光，殆將其神也』。於是遣羽林將軍秦景、博士弟子王遵等十二人之大月氏國，寫取佛經四十二部，在蘭臺石室」。劉子政列仙傳曰：「歷觀百家之中，以相檢驗，得仙者百四十六人。其七十四人已在佛經，〔故〕撰得七十，可以多聞博識者遐觀焉」。如此，則漢哀、成之間，已有經矣。與牟子傳記，便爲不同。……』

案御覽六五三引作『理應在阿堵上』。楊校箋本從之，是也。亦字涉上文而衍，應下又脱在字。御覽引此注云：『佛經之行東國尚焉。而記傳無聞，莫詳其始。牟子曰：「漢明帝夜夢見神人，身有日光，飛止殿前，意甚忻悦。明日問羣臣，有通人傅毅對曰：『聞天竺有得道者，號曰佛，身有日光，殆將其神』。於是上悟，遣羽林郎秦景、博士弟子等十二人之大月氏，寫取佛經四十二章，在蘭臺石室』。『牟子曰』以下，與弘明集一所載牟子理惑論之文較合。湯用彤先生云：『漢明帝求法之說，實有可疑。永平八年，楚王英已爲沙門伊蒲塞設盛饌，則其奉佛應更早，或竟在光武之世。明帝爲太子時，英獨歸附太子，甚相親愛，（見後漢書楚王英傳）。英於光武世如已與釋氏遊，明帝或已知之，則感夢始問，應是讕言也』。又注引列仙傳云云，湯先生據之，云：『清王照圓校列仙傳有七十二人，上文「撰得七十」，乃「撰得七十二」也。又上文謂乃自列仙傳序略出，故劉宋宗炳明佛論曰：「劉向列仙敍，七十四人在佛經」。此序又稱爲贊，顏氏家訓書證篇有云：「列仙傳劉向所造，而贊云七十四人出佛經，蓋由後人所羼，非本文也」。南宋時志磐謂其所見之傳，猶有此語。但佛經已改爲仙經。（詳佛祖統記卷三十四）。而現在通行板本，則已無七十四人出於佛經或仙經之語。蓋此書曾歷經道士之改竄也』。（漢魏兩晉南北朝佛教史，第一分第一章佛教入華諸傳說；第二章永平求法傳說之考證）。考弘明集後序：『案漢元之世，劉向序仙云：七十四人出在佛經』。又廣弘明集十一釋法琳對傅奕廢佛僧事引劉向列仙傳云：『吾搜檢藏書，緬尋太史，創撰列仙圖，自黃帝已下六代，迄到於今，得仙道者七百餘人。向檢虛實，定得一百四十六人』。又云：『其七十四人，已見佛經矣』。所稱列仙傳，亦列仙傳之敍也。

請阮光祿道白馬論。注：『孔叢子曰：「趙人公孫龍云：白馬非馬。馬者，所以命形。白者，所以命色。夫命色者非命形，故曰白馬非馬也」』。

案注引孔叢子云云，今本孔叢子公孫龍篇無此文。列子仲尼篇張湛注亦引白馬論云：『馬者，所以命形也。白者，所以命色也。命色者，非命形也』。與今本公孫龍子白馬論同。今本公孫龍子晚出，漢儒所見白馬論，本名堅白論，御覽四六四引桓譚新論云：『公孫龍，六國時辯士也。爲堅白之論，假物取譬，謂白馬爲非馬。非馬者，言白，所以名色。馬，所以名形也。色非形，形非色』。(論衡案書篇亦云：公孫龍著堅白之論)。與今本公孫龍子分白馬論、堅白論爲二篇大異。

卿不欲作將，善雲梯仰攻。

楊校箋本注『高雲梯』，從沈校本無雲字。案『高雲』，複語，宋本是。呂氏春秋愛類篇亦作『高雲梯』。又注引墨子云云，見公輸篇。惟所引之文，與呂氏春秋愛類篇較合。(又見淮南子脩務篇)。注：『墨子曰：公輸般爲高雲梯，欲以攻宋。……』

其以一卦爲限邪？

案其猶豈也。

此道人每輒摧屈。孫問深公：上人常是逆風家，

楊校箋本依沈校本改常爲當，並云：逆風家，下風家也。下風，猶劣勢也。

案常字與上文每字相應，不必改爲當。家猶人也，韓非子功名篇：『堯爲匹夫，不能正三家』。難勢篇引愼子家作人，即家、人同義之證。

將馮太常共語，

案將猶與也。史通二體篇：『遂使漢之賈誼將楚屈原同列，魯之曹沫與燕荆軻並編』。將、與互

文，其義一也。

支卓然標新理於二家之表，立異義於衆賢之外，皆是諸名賢尋味之所不得。後遂用支理。

注：『向子期、郭子玄逍遥義曰：「夫大鵬之上九萬，尺鷃之起榆枋，大小雖差，各任其性。苟當其分，逍遥一也。然物之芸芸，同資有待，得其所待，然後逍遥耳。唯聖人與物冥而循大變，爲能無待而常通。豈獨自通而已，又從有待者不失其所待。不失，則同於大道矣」。支氏逍遥論曰：「夫逍遥者，明至人之心也。莊生建言大道，而寄指鵬鷃，鵬以營生之路曠，故失適於體外；鷃以在近而笑遠，有矜伐於心内。至人乘天正而高興，遊無窮於放浪，物物而不物於物，則遥然不我得；玄感不爲，不疾而速，則逍然靡不適。此所以爲逍遥也。若夫有欲當其所足，足於所足，快然有似天眞，猶飢者一飽，渴者一盈，豈忘烝嘗於糗糧，絶觴爵於醪醴哉：苟非至足，豈所以逍遥乎」？此向、郭注之所未盡』。

案注引向、郭逍遥義末句，『大道』乃『大通』之誤，莊子逍遥遊篇郭注作『大通』。（郭慶藩莊子集釋引世説此注，亦定作『大通』）。『同於大通』一語，本莊子大宗師篇。注引支氏逍遥論，『物物而不物於物（此語本莊子山木篇），則遥然不我得；玄感不爲，不疾而速，則逍然靡不適。此所以爲逍遥也』。成玄英莊子序引作『物物而不物於物，故逍然不我待（待與得古通，史記平原君列傳：

『爭相傾以待士』。集解引徐廣曰：『待，一作得』。卽其比)；玄感不疾而速，故遙然靡所不爲。以斯而遊天下，故曰逍遙遊』。(又見北山錄註解隨函下)。義慶謂『支卓然標新理於二家之表』，孝標謂支論爲『向、郭之注所未盡』。然就二說比而觀之，支義誠較向、郭義切實；向、郭義則較支義深遠。支氏據莊子所述，以爲鵬鷃之所足，非至足，非所以逍遙；向、郭廣莊子所述，以爲鵬鷃大小雖差，各適性分，逍遙相同。此其異也。支義重在至人之至足；向、郭義重在聖人之無待。至足所以無待，理固無殊。向、郭更進而謂聖人能無待而常通，又順有待者不失其所待，而同於大通。此則支義之所未盡者矣。(湯用彤先生釋道安時代之般若學述略及陳寅恪先生支愍度學說考，並證支遁逍遙遊新義爲佛敎般若學格義。陳先生更有逍遙遊向郭義及支遁義探源，證向、郭義受劉邵人物才性論之影響；支義所依據者爲道行經。可參看)。宋林逋招思齊上人詩：『一帙逍遙不能解，牛頭焚盡待支公』。原注：『上人嘗著逍遙別義』。惜別義不可得見，無從與向、郭義及支義比觀也。

便若湯池鐵城，無可攻之勢。注：『神農書曰：夫有石城十仞，湯池百步，帶甲百萬，而無粟者，不能自固也』。

案漢書蒯通傳，蒯通說武信君曰：『皆爲金城湯池，不可攻也』。(師古注：金以喻堅。湯喻沸，熱不可近)。金城猶鐵城也。文選王元長永明九年策秀才文注引氾勝之(農)書曰：『神農之教，雖有石城湯池，帶甲百萬，而無粟者，弗能守也』。

因論莊子逍遥遊，支作數千言，才藻新奇，花爛映發。

案支氏逍遥論數千言，今僅存劉注所引之百四十餘字，已詳前。支尚有注釋逍遥遊字句之文，存於陸德明釋文中者，如逍遥遊『覆杯水於坳堂之上』，釋文：『坳堂，支遁云：謂有坳垤形也』。『適莽蒼者』，釋文：『莽蒼，支遁云：冢間也』。『朝菌不知晦朔』，釋文：『朝菌，支遁云：一名舜英，朝生暮落』。『而徵一國者』，釋文：『徵，支云：成也。（引崔譔注同）』。『而御六氣之辯』，釋文：『六氣，支云：天地四時之氣』。『以俟敖者』，釋文：『敖者，支云：伺彼怠傲，謂承其閒殆也』。此遺存之支注，其可珍貴，奚啻龍甲鳳毛！特標識於此。

人以比王苟子。注：『苟子，王循之小字也。文字志曰：循字敬仁。……』

楊校箋本注，從沈校本循作脩。案脩字是，古書脩、循相亂之例至多。脩之字敬仁，小字苟子，苟與敬義相應。苟，已力反，非苟且之苟。說文：『敬，肅也。从攴、苟。苟，自急敕也』。

衆人莫不抃舞。

案列子湯問篇：『一里老幼喜躍抃舞』。

何以正善人少，惡人多。

案莊子馬蹄篇：『天下之善人少，而不善人多』。晉王坦之廢莊論亦云：『天下之善人少，不善人多』。

一時絶歎，以爲名通。

案後『人有問殷中軍』一則，亦云：『時人以爲名通』。釋名釋言語：『名，明也』。『名通』猶『明通』，荀子哀公篇：『思慮明通，而辭不爭』。(家語五儀解『明通』二字倒)。賈子新書數寧篇：『以陛下之明通』。

將得財而夢屎穢？

案屎正作菌，説文：『菌，糞也』。屎，俗字。矢，借字。

楊云：屎，各本作矢，晉書殷浩傳作糞。

而才性殆是淵源崤、函之固。

案賈誼過秦論：『秦孝公據崤、函之固』。

安可爭鋒！

案史記留侯世家：『顧上無與楚人爭鋒』。

卿且去，正當取卿共詣撫軍。

案宋書隱逸傳：『潛若先醉，便語客：我醉欲眠卿可去』。(又見蕭統陶淵明傳、南史隱逸傳)。取讀爲聚，莊子天運篇：『取弟子遊居寢臥其下』。覆宋本取作聚，即取、聚通用之證。

撫軍與之話言，

案詩大雅抑：『告之話言』。左文六年傳：『著之話言』。陶淵明贈長沙公詩：『貽玆話言』。

蕭然自得。

案『蕭然』猶『翛然』、『悠然』。莊子大宗師篇：『翛然而往，翛然而來而已矣』。釋文：『翛音蕭，李音悠。向云：翛然，自然無心而自爾之謂』。

便謂王曰：『聖人有情不』？王曰：『無』。重問曰：『聖人如柱邪』？王曰：『如籌算。雖無情，運之者有情』。僧意云：『誰運聖人邪』？苟子不得答而去。

案『不得答』猶『不能答』，史記秦始皇本紀：『逢大風，幾不得渡』。通鑑秦紀二得作能，卽得、能同義之證。莊子德充符篇：『莊子曰：吾所謂無情者，言人之不以好惡內傷其身，常因自然而不益生也』。聖人因任自然，無心自運。不運固是無情，卽運亦是無情。苟子既失其喩（如籌算），僧意又失其問（誰運聖人）矣。

談不翅爾！

案莊子大宗師篇：『陰陽於人，不翅於父母』。成玄英疏翅作啻。啻、翅正、假字。

乃可得盡，

案乃猶若也。

乃至四番後一通。

案乃猶及也。史記儒林列傳：『孝文帝時，欲求能治尚書者，天下無有。乃聞伏生能治，欲召之』。吳昌瑩云：『乃聞，謂及聞也』。(經詞衍釋六)。與此乃字同義。

儈彌便云：都已曉。

楊云：儈彌當作儈珍，……疑彌、珍二字草書形近致誤。

案彌，俗書作弥。珍，俗書作㺭。弥、㺭形近，故致誤耳。

不成者行大法。

案者猶則也。初學記十引者作將，將亦猶則也，史記楚世家：『能致二子則生，不能將死』。伍子胥列傳將作則，即其證。御覽八四一引者作當，當亦猶則也，史記商君列傳：『即弗用鞅，當殺之』。當亦與則同義。(此義前人未發，彼文斠證有說)。

左太沖作三都賦初成，時人互有譏訾，思意不愜。後示張公，張曰：此二京可三。

案文選左太沖三都賦序注引(南齊)臧榮緒晉書曰：『左思字太沖，齊國人。少博覽文史，欲作三都賦，乃詣著作郎張載，訪岷、邛之事，遂構思十稔，門庭藩溷，皆著紙筆。遇得一句，即疏之。徵爲秘書。賦成，張華見而咨嗟。都邑豪貴，競相傳寫』。(參看北堂書鈔一百二。御覽五八七引世說云：『左思字太沖，齊國臨淄人也。作三都賦，十年乃成。門庭戶席皆置筆硯。遇得一句，即便疏之』。與臧氏晉書所記略同，非世說文也)。

宜以經高名之士。

案御覽五八七、五九九引經並作示，義近。『高名』猶『高明』。

劉伶著酒德頌，意氣所寄。注：『名士傳曰：「伶字伯倫，沛郡人。肆意放蕩，以宇宙爲狹。……」竹林七賢論曰：「……其人攘袂而起，欲必築之。……其人不覺廢然而返。未嘗措意文章，終其世，凡著酒德頌一篇而已。其辭曰：……行無軌迹，……行則操巵執觚，動則挈榼提壺，……奮髯踑踞，……慌爾而醒。靜聽不聞雷霆之聲，熟視不見太山之形。……俯觀萬物之擾擾，……」』

楊云：劉伶，唐以前各書皆作劉靈，晉書劉伶傳與此同。……

案文選劉伯倫酒德頌注引臧榮緒晉書云：『劉伶字伯倫，沛國人也。志氣曠放，以宇宙爲狹，著酒德頌』。胡克家考異云：『注劉伶、袁本、茶陵本伶作靈，是也』。作靈是故書。注『築之』猶『擣之』，說文：『築，擣也』。淮南子脩務篇：『及至勇武攘捲一擣』。（高注：武，士也）。莊子德充符篇：『申徒嘉曰：適先生之所，則廢然而反』。（郭注：廢向者之怒而復常）。『軌迹』，楊校箋本依袁本及晉書劉伶傳改軌爲轍，文選及藝文類聚七二引酒德頌亦並作轍。文選注引老子曰：『善行無轍迹』。『行則』，楊本依晉書改行爲止，文選、藝文類聚亦並作止。『挈榼』，宋本不誤，楊君誤榼爲桂。『踑踞』，文選同，楊本依袁本及晉書改踑爲箕。失其舊矣。『慌爾』，文選作『豁爾』，楊君謂晉書慌作恍，恍、慌正、俗字。淮南子俶眞篇：『夫目察秋毫之末，耳不聞雷霆之聲；耳調金石之音，目不見太山之形』。(又見說苑雜言篇)。楊君謂晉書擾擾下有焉字，文選亦有焉字。莊子天道篇：『膠膠擾擾乎』！釋文：『膠膠擾擾，動亂之貌』。又案藝文類聚七引劉伶北芒客舍詩曰：『泱漭望舒隱，黮黤玄夜陰。寒雞思天曙，擁翅吹長音。蚊蚋歸豐草，枯葉散蕭林。陳醴發悴顏，巴歈暢眞心。縕被終不曉，斯歎信難任！何以除斯歎？付之與瑟琴；長笛響中夕，聞此消胷衿』。竹林七賢論謂伶『終其世，凡著酒德頌一篇而已』。然則北芒客舍詩或非伶所作、或後人僞託於伶者與？姑存疑焉。

夏侯湛作周詩成，示潘安仁。安仁曰：『此非徒溫雅，乃別見孝悌之性』。

案鍾嶸詩品卷下評夏侯湛詩：『孝若雖曰後進，見重安仁』。(孝若舊誤孝沖，古直詩品箋有說)。蓋謂此也。

林無靜樹，川無停流。注：『……璞別傳曰：「……縱情嫚惰，時有醉飽之失。友人干令升戒之曰：『此伐性之斧也』！璞曰：『吾所受有分，恆恐用之不盡，豈酒色之能害』？……」』

案韓詩外傳九：『臯魚曰：樹欲靜而風不止』。(說苑敬愼篇止作定，家語致思篇作停，義並同)。論語子罕篇：『子在川上，曰：逝者如斯夫！不舍晝夜』。呂氏春秋本生篇：『肥肉厚酒，務以自彊，命之曰爛腸之食；靡曼皓齒，鄭、衞之音，務以自樂，命之曰伐性之斧』。(枚乘七發亦有類此之文）。

庾作民之望。

案左襄二十五年傳：『崔子曰：民之望也』。（又見史記齊世家、晏子春秋雜上篇）。

於此人人競寫，都下爲之紙貴。謝太傅云：不得爾。

案此猶是也。爾猶如此也。

於病中猶作漢晉春秋，品評卓逸。注：『鑿齋集載其論略曰：……共王、秦政，猶不見敍於帝王。……』

楊校箋本改共王爲共工，云：『史記三皇本紀：「當女媧氏之末年也，諸侯有共工氏任智刑以強覇，而不王，以水乘木」。作共工是……』。

案共王乃共工之誤，藝文類聚十一引帝王世紀：『帝女媧氏……其末諸侯共工氏，任知刑以強，伯而不王』。御覽七八引『伯而不王』下，更有『以水承木』（承、乘古通）句。史記司馬貞補三皇本紀云云，蓋本帝王世紀。

五經鼓吹。

案初學記二一引經下有之字，與晉書孫綽傳合。

潘文爛若披錦，無處不善。

案初學記二一引李充翰林論曰：『潘安仁爲文也，猶翔禽之羽毛，衣被之綃縠』。(御覽五九九引同)。

陸文若排沙簡金，往往見寶。注：『文章傳曰：機善屬文，……』

楊校箋本注，文章傳作文士傳，云：『宋本作文章傳，非。隋志：文士傳五十卷，張隱撰』。案下有『孫興公云：潘文淺而淨，陸文深而蕪』一則，『深而蕪』，故若排沙簡金，乃能見寶也。注引文章傳，章乃士之誤，楊引隋志張隱，乃張騭之誤。鍾嶸詩品序所謂『張騭文士，逢文卽書』者是也。

簡文稱許掾云：玄度五言詩，可謂妙絕時人。

案鍾嶸詩品序，謂許詢詩『平典似道德論』。詩品下品，稱許『善恬淡之詞』。與簡文之說異。胡應麟詩藪外編卷二云：『詢詩有「青松凝素髓，秋菊落芳英」。儼是唐律。晉人稱玄度五言妙絕，則許當亦文士，非止清談者』。所稱許詩二句，見初學記二八(凝誤疑)。藝文類聚六九引許詢竹扇詩曰：『良工眇芳林，妙思觸物騁。篾疑秋蟬翼，團取望舒景』。(丁福保輯入全晉詩)。許詩可考者僅此而已。此固非平典恬淡之詞；亦非妙絕之作也。

孫興公作天台賦成，以示范榮期，注：『中興書曰：范啓字榮期，……』

楊校箋本天臺下補山字，云：『晉書孫綽傳、書鈔一〇二均有山字』。

案藝文類聚五六引此作天台賦，與宋本合。文選作遊天台山賦。范啓字榮期，蓋慕榮啓期之爲人。裴啓字榮期，（詳後『裴郎作語林』一則，注引裴氏家傳）。亦同此例。榮啓期，與孔子同時高士。詳說苑雜言篇、家語六本篇、御覽五百九引嵇康高士傳、皇甫謐高士傳、列子天瑞篇。

卿試擲地，

案書鈔一百二引試下有以字。（藝文類聚引擲下有置字）。

乃是袁自詠其所作詠史詩。

案鍾嶸詩品卷中：『彥伯詠史，雖文體未遒，而鮮明緊健，去凡俗遠矣』！

會須露布文，喚袁倚馬令作。

案御覽五九七引文心雕龍云：『露布者，蓋露板不封，布諸視聽也』。（容齋四筆十視作觀）。見檄移篇，今本有脫文。書鈔九八引令作命，義同。

絕可觀。

楊云：絕，袁本作殊。

案書鈔九八、御覽五九七引絕並作殊，蓋袁本所本。絕、殊同義。

功以治人，職思靖亂。……注：『……故未呈啓，……』

楊云：呈，晉書袁宏傳作違。

案御覽五八七引人作民，靖作靜。唐人諱民爲人，御覽復其舊耳。靖、靜古通，史記秦始皇本紀贊後附秦紀之靜公。秦詩譜疏作靖公，卽靖、靜通用之證。注呈字，御覽五八七亦作遑，呈蓋皇之壞字，皇、遑古通，詩商頌殷武：『不敢怠遑』。左哀五年傳引遑作皇，卽其比。

顧曰：『不賞者，作後出相遺；深識者，亦以高奇見貴』。注：『中興書曰：凱之博學有才氣，……』

楊校箋本注，凱之作愷之，云：『宋本作凱之，非，今依各本』。

案作、亦互文，並猶則也。詩大雅文王：『儀刑文王，萬邦作孚』。作亦與則同義(裴學海古書虛字集釋八有說)。史記秦本紀：『使鬼爲之，則勞神矣；使人爲之，亦苦民矣』。則、亦互文，亦猶則也。藝文類聚四四引顧愷之箏賦曰：『其器也，則端方修直，天隆地平，華文素質，爛蔚波成。君子嘉其斌麗，知音偉其含清。罄虛中以揚德，正律度而儀形。良工加妙，輕縟璘彬，玄漆緘響，慶雲被身』。(『儀形』以上，又見初學記十六。嚴可均輯入全晉文)。當非全文，辭意亦頗佳。注凱之，他本作愷之，凱、愷古通，宋曾集本陶淵明詩四時一首，注云：『此顧凱之神情詩』。作凱之，與此宋本同。

云：『我今欲爲王孝伯作誄』。因吟嘯良久。

案渚宮舊事五，云作曰，上有『謂坐客』三字。『吟嘯』作『沈吟』。古詩：『馳情整中帶，沈吟聊躑躅』。曹操短歌行：『但爲君故，沈吟至今』。

不相揉雜。

案『揉雜』猶『雜糅』，複語。離騷：『芳與澤其雜糅兮』。王注：『糅，雜也』。

心事綸蘊。

楊云：『綸薀』，各本作『淪蘊』，薀、蘊古字通用，爲滯積畜聚之義。

案綸、淪古通，史記司馬相如傳：『紛綸葳蕤』，索隱引胡廣曰：『綸，沒也』。卽以綸爲淪。（說文：淪，一曰沒也）。此當從宋本作綸，易繫辭：『故能彌綸天地之道』。釋文引王肅注：『綸，纏裹也』。纏裹與薀積義近，說文：『薀，積也。春秋傳曰：薀利生孽』。今本左昭十年傳薀作蘊，薀、蘊正、俗字。

明公啓晨光於積晦，澄百流以一源。

案於、以互文，以亦於也。史記田完世家：『封以下邳，號曰成侯』。御覽五七二引（誤爲周書）以作於，卽以，於同義之證。墨子親士篇：『是故江河之水，非一源之流也』。（『之流』二字，據初學記六、記纂淵海五五引補）。

方正第五

是招方正賢良文學之士。』

案管子形勢解：『人主身行方正』。史記屈原列傳：『屈平疾……方正之不容也』。儒林列傳：『於是招方正賢良文學之士。』

期日中，

案論衡別通篇：『商瞿卜，期日中』。

非人哉！

案史記刺客荆軻傳：『彼乃以我爲非人也』。

猶義形於色。

注：『……義干其色。……』

楊校箋本注『義干其色』，從蔣校本作『義形於色』。案說文：『干，犯也』。其猶於也，史記酷吏列傳：『言道德者溺其職矣』。治要引其作於，卽其證。『義犯於色』，猶言『猶形於色』矣。無煩改字。

亮設誘譎萬方，

案莊子達生篇：『覆卻萬方陳乎前，而不得入其舍』。漢書揚雄傳：『經緯萬方』。

雖復刑餘之人，

案司馬遷報任少卿書：『刑餘之人，無所比數』。

帝曰：『卿故復憶竹馬之好不』？靚曰：『臣不呑炭漆身，今日復覩聖顔』。

案故猶尙也，抱朴子對俗篇：『史記龜筴傳云：……家人移牀，而龜故生』。今史記故作尙，卽其證。品藻篇：『桓公語諸人曰：少時與淵源共騎竹馬』。後漢書郭伋傳：『有兒童數百，各騎竹馬』。莊子大宗師篇釋文引尸子：『箕子胥餘，漆身爲厲』。（又引司馬彪云：胥餘，箕子名也）。戰國策秦策三：『箕子接輿漆身而爲厲』。（接輿疑胥餘之誤）。趙策一：『豫讓漆身爲厲，滅鬚去眉，自刑以變其容。……又呑炭爲啞，變其音』。淮南子主術篇：『豫讓欲報趙襄子，漆身爲厲，呑炭變音』。

尺布斗粟之謠，常爲陛下恥之。注：『漢書曰：「淮南厲王長。高祖少子也。有罪，文帝徙之於蜀，不食而死。民作歌曰：一尺布，尙可縫。一斗粟。尙可舂。兄弟二人不相容」。瓚注曰：「言一尺布帛，可縫而共衣。一斗米粟，可舂而共食。況以天子之屬，而不相容也」』？

案尺布斗粟之謠，亦詳史記淮南列傳。注引漢書高祖，漢書淮南王傳本作高帝，史記乃作高祖。史記所載民歌，與漢書合。高誘淮南鴻烈解敍作『一尺繒，好童童。一升粟，飽蓬蓬。兄弟二人不能相容』。與史、漢異。升當作什，什乃斗之隸變，說文序所謂『人持十爲斗』是也。注引瓚注

『布帛』、『米粟』，漢書瓚注無布字及米字。史記集解引瓚注無帛字及米字。『天子之屬』，楊校箋本稱袁本作『天下之廣』。漢書瓚注及史記集解引瓚注並作『天下之廣』，即袁本所本。

常疾𠟭諂諛。

案莊子漁父篇：『希意道言謂之諂。不擇是非而言謂之諛』。

而太守劉淮橫怒。

楊校箋本淮作準，云：『宋本作劉淮，非。……雅量篇9注引鄧粲晉紀劉淮，亦當作劉準』。案宋本雅量篇『裴遐在周馥所』一則，注引鄧粲晉紀作劉淮(非作劉准)，與此同。淮蓋本作准，魏、晉時俗書，準變爲准。

紹雖官卑，職備常伯。

案御覽六八九引作『紹雖職卑，忝備常伯』。晉書嵇紹傳作『紹雖虛鄙，忝備常伯』。

不可以先王法服，

楊校箋本從御覽六八九引世說，作『豈可以先王之服』。案『法服』與下『私服』對言，孝經卿大夫章：『非先王之法服不敢服』。(邢疏：非先王禮法之衣服，則不敢服之於身)。卽此所本。此當從宋本。如從御覽。服上亦當補法字。

阮宣子伐社樹，有人止之。

案莊子人閒世篇：『匠石之齊，至於曲轅，見櫟社樹』。御覽五三二引『有人』作『人有』，當從之。晉書阮脩傳作『或止之』。有猶或也。史記淮陰侯列傳：『人或說龍且』，又云：『人有上書告楚王信反』。『人或』、『人有』，其義一也。

社而爲樹，伐樹則社亡；樹而爲社，伐樹則社移矣。

楊云：晉書阮脩傳、御覽五三二引世說均作『若樹而爲社，伐樹則社移；社而爲樹，伐樹則社亡』。與此文倒異。

案兩而字並猶若也。晉書、御覽樹上若字，蓋淺人所增。

今見鬼者云『箸生時衣服』。若人死有鬼，衣服復有鬼邪？注：『論衡曰：……人見之，宜從裸袒之形，無爲見衣帶被服也。何則？衣無精神也。……非人死之精神也。』

案注引論衡云云，見論死篇。『宜從』論衡作『宜徒見』，從乃徒之誤。『衣無』論衡衣下有服字，此誤脫。末句『人死』論衡作『死人』，此誤倒。

培塿無松柏，薰猶不同器。注：『杜預左傳注曰：培塿，小阜。……』

案說文：『附，附婁，小土山也。春秋傳曰：附婁無松柏』。今左襄二十四年傳『附婁』作『部婁』，杜注：『部婁，小阜』。風俗通山澤篇、文選左太沖魏都賦李注引左傳並作『培塿』，（說文繫傳引部亦作培）。與此合。當以作『附婁』爲正，部，借字。培，塿並俗字。左僖十年傳：『一薰一蕕，十年尙猶有臭』。家語致思篇：『顏回曰：回聞薰蕕不同器而藏』。劉孝標辨命論：『薰蕕不同器』。

刃爲辟易於戶側。

案雅量篇『魏明帝於宣武場上』一則，『觀者無不辟易顚仆』。亦用『辟易』一詞。史記項羽本紀：『赤泉侯人馬俱驚，辟易數里』。正義釋『辟易』爲『開張易舊處』。以辟爲闢之借字。說文：『闢，開也』。

充晏然神意自若。

案莊子山木篇：『聖人晏然體逝而終矣』。成疏：『晏然，安〔然〕也』。

王平子何在？注：『顗別傳曰：「……大將軍此舉有在，義無有濫。……」晉陽秋曰：「……敦伏勇士路戎等搤而殺之」。……』

楊校箋本據晉書周顗傳，改注『有在』爲『似有所在』。又改『伏勇士』爲『使勇士』。云：『使，宋本作伏，袁本作仗，皆非是。疑作使爲安，今億改』。

案注『此舉有在』，義自可通，無煩增字。下句『無有』猶『無或』也。『伏勇士』，袁本伏作仗，固非；楊改伏爲使，亦未得。仍當從宋本作伏，史記商君列傳：『衞鞅伏甲士而襲虜魏公子卬』。與此用伏字同例。

何不用隨時之宜，

案易隨：『象曰：隨時之義大矣哉』！

德非孔子，厄同匡人。注：『家語曰：……子路彈劍，孔子和之。……』

案論語子罕篇、先進篇並稱『子畏於匡』。注引家語云云，見困誓篇。今本『彈劍』作『彈琴』，非。史記孔子世家索隱、御覽五七一引家語並作『彈劍』。（楊簡中學弟孔子家語校證有說）。又韓詩外傳六、說苑雜言篇並有類家語困誓篇之文。

鷹化爲鳩。注：『禮記月令曰：「仲春之月，鷹化爲鳩」。鄭玄曰：「鳩，播穀也」。……』

案呂氏春秋仲春紀、淮南子時則篇亦並云：『仲春之月，鷹化爲鳩』。高注：『鳩，謂布穀也』。此文注引鄭注『播穀』，今月令注作『搏穀』。播、搏、布並聲近相通。

今猶俎上腐肉，任人膾截耳！

案史記項羽本紀：『樊噲曰：如今人方爲刀俎，我爲魚肉，何辭爲』！

聊以充虛，

案墨子節用中篇：『古者聖人制爲飲食之法，曰：足以充虛繼氣』。呂氏春秋重已篇：『昔先聖王之爲飲食酏醴也，足以適味充虛而已』。文子九守篇：『故聖人食足以充虛接氣』。

有何嚴顏難犯？

案史記管晏列傳贊：『諫說犯君之顏』。

柱杖前庭消搖，

楊校箋本從各本柱作拄。案柱、拄正、俗字，當從宋本作柱。莊子逍遥遊第一，釋文：『逍，亦作消。遥，亦作搖』。郭慶藩集釋云：『逍遥二字，說文不收，作消搖者是也。禮檀弓：消搖於門』。

忠孝亦何以假人！

案左成二年傳：『仲尼曰：唯器與名不可以假人』。

張便束帶造之。

案論語公冶長篇：『赤也束帶立於朝』。宋書隱逸陶潛傳：『郡遣督郵至縣，吏白：應束帶見之』。(又見蕭統陶淵明傳、晉書及南史隱逸傳)。束帶，所以示莊敬也。

雅量第六

雖神氣不變，

楊校箋本從御覽五一八、事文後七所引，氣作色。案下『夏侯太初嘗倚柱作書』一則，亦云『神色無變』。(無猶不也)。又下『嵇中散臨刑東市』一則，云『神氣不變』。『裴叔則被收』一則，云『神氣無變』。並與此文宋本合。則作『神氣』、『神色』，兩可，無煩改字。

廣陵散於今絶矣！注：『文士傳曰：……昔太公誅華士，孔子戮少正卯，……』

楊云：『韓非外儲說：「太公望東封於齊，齊東海上有居士曰狂矞、華士昆弟二人者，……」（孔子戮少正卯），事見家語始誅篇』。

案三國志魏志王粲傳注引魏氏春秋曰：『初，康與東平呂昭子巽及巽弟安親善，會巽淫安妻徐氏，而誣安不孝，囚之。安引康爲證，康義不負心，保明其事。安亦性烈，有濟世志力。鍾會勸大將軍除之，遂殺安及康。康臨刑自若，援琴而鼓，旣而歎曰：「雅音於是絶矣」！時人莫不哀之』。尹文子大道下篇、荀子宥坐篇、家語始誅篇，皆載孔子之言云：『太公誅華士』。（荀子士作仕，楊注引韓子亦作仕，古字通用）。且上文皆詳載孔子誅少正卯事。說苑指武篇作『太公誅潘阯』。上文亦詳載孔子誅少正卯事。太公乃文王之誤。孔子戮少正卯事，又略見陸賈新語輔政篇、白虎通誅伐篇引韓詩內傳、淮南子氾論篇、史記孔子世家。

夏侯太初嘗倚柱作書，時大雨，霹靂破所倚柱，衣服燋然，神色無變，書亦如故。

楊云：『書鈔一五二引曹嘉之晉紀云：「諸葛誕以氣邁稱，嘗倚柱作書，雷震其柱，誕書自若」。……』

案御覽十三引首句作『夏侯玄字太初，嘗倚柱讀書』。引下文『燋然』作『焦然』，『書亦』作『讀書』。焦、燋正、假字。又引曹嘉之晉紀云：『諸葛誕以氣邁稱，常倚柱讀書，霹靂震其柱，誕自若』。與書鈔所引小異。書鈔引晉紀云云畢，云：『世說云夏侯玄，與此同也』。

直是闇當故耳。注：「一作『闇故當耳』；一作『眞是鬬將故耳』。

案『闇當』猶云『闇會』、『闇合』。一作『闇故當耳』。『故當』蓋『當故』之誤倒；一作『眞是鬬將故耳』。亦通。『舉止如常，顏色不變，復戲如故』。所謂『眞是鬬將』也。

唯庾子嵩縱心事外，

案文選陶淵明始作鎮軍參軍經曲阿一首：『弱齡寄事外』。李善注引晉中興書云：『簡文詔曰：會稽王英秀玄虛，神棲事外』。古直陶靖節詩箋引晉書樂廣傳云：『廣與王衍，俱宅心事外』。

可謂以小人之慮，度君子之心。

案左昭二十八年傳：『願以小人之腹，爲君子之心』。(又見國語晉語九)。

許侍中、顧司空俱作丞相從事，

案考異『丞相』上有王字，御覽六九九引郭子亦作王丞相。

嘗夜至丞相許戲，

案考異至作在，郭子同。

顧至曉迴轉，

案考異『迴轉』作『猶展轉』，郭子同。

丞相顧諸客曰：此中亦難得眠處。

案考異諸上有語字，亦下有是字，（楊校箋本並據增）。郭子同。

溫太眞嘗隱幔怛之。

案御覽六九九引此文，怛下有注云：『怛，驚也』。

令於是大遽，

案說文：『遽，一曰窘也』。

唯有一郎，在東牀上坦腹臥，

楊校箋本從晉書王羲之傳，及御覽三七一、四四四所引，臥作食。案御覽八百六十引王隱晉書作『羲之獨坦腹東床嚙胡餅』。

因嫁女與焉。

案焉猶之也，御覽三七一引焉作之。八百六十引王隱晉書作『乃妻之』。

輿飾供饌。

楊校箋本輿作與，云：宋本作輿，晉書羊曼傳作相。輿疑與之誤字，與、相義近。

案輿、與古本通用。（莊子逍遙遊篇接輿，釋文引一本輿作與，卽其比）。此作輿，容是誤字。與猶皆也。

此中最是難測地。

案禮記禮運：『人藏其心，不可測度也』。

應弦而倒。

案史記李將軍列傳：『發卽應弦而倒』。

朝廷間故復有此賢。

案『故復』猶『固當』，漢樂府東門行：『君復自愛莫爲非』。復亦與當同義。此義前人未發。

得不定迺出。

楊云：不，語助辭，無義。詳經傳釋詞。

案釋詞未言此不字爲語助。不字疑涉上文兩不字而衍。

芟夷朝臣，

案左隱六年傳：『爲國家者，見惡如農夫之務去草焉，芟夷藴崇之』。杜注：『芟，刈也。夷，殺也』。夷乃薙之借字，說文：『薙，除艸也。从艸，雉聲』。段注：『古雉音同夷』。

太傅神情方王，

案『方王』猶『方盛』，王借爲暀，爾雅釋詁：『暀暀，美也』。郭注：『暀暀，美盛之貌』。俗作旺。賞譽篇『司馬太傅府多名士』一則，『常自神王』。王亦暀之借。

桓選其曠遠，乃趣解兵。

案選猶善也，漢書武帝紀：『知言之選』。應劭注：『選，善也』。趣讀爲促。

吾當試之。

案當猶將也。

適見新文甚可觀。

案莊子德充符篇：『適見豘子食於其死母者』。史記淮陰侯列傳：『適見滕公』。陶淵明形贈影詩：『適見在世中』。皆用『適見』一詞。

殷悵然自失。

案莊子說劒篇：『文王芒然自失』。

識鑒第七

曹公少時見喬玄，

楊校箋本依魏志武帝紀及注引魏書，改橋爲喬。案喬、橋古通，無煩改字。魏志武帝紀橋玄，易培基補注云：『橋，文類作喬』。與宋本此文作喬合。

玄謂曰：『天下方亂，羣雄虎爭，撥而理之，非君乎？……恨吾老矣，不見君富貴，當以子孫相累』。注：『魏書曰：「玄見太祖曰：吾見士多矣，未有若君者。天下將亂，非命世之才，不能濟也。能安之者，其在君乎』？

案魏志武帝紀：『玄謂太祖曰：天下將亂，非命世之才，不能濟也。能安之者，其在君乎』？注：『魏書曰：「太尉橋玄，世名知人。覩太祖而異之，曰：吾見天下名士多矣，未有若君者也。君善自持，吾老矣，願以妻子爲託」』。此文劉注引魏書云云，葢兼魏志武帝紀之文引之。

博而寡要，外好利而內無關籥。

楊云：籥通鬮。

案司馬談論六家要指：『儒者博而寡要』。鬮、籥正、假字，今字作鑰。墨子備穴篇：『爲之戶及關籥』。緜眇閣本籥作鑰，葢改從今字也。劉子防慾篇：『嗜慾之萌，耳目可關，而心意可鑰』。亦用今字。

帝欲偃武修文，……山少傅乃天下名言。注：『竹林七賢論曰：……上將爲桃林、華山之事，息弭役兵，示天下以大安。……』

案史記周本紀載武王克殷之後，『縱馬於華山之陽，放牛於桃林之虛，偃干戈，振兵釋旅，示天下不復用也』。（樂書、留侯世家、禮記樂記、呂氏春秋愼大篇、韓詩外傳三，皆有類此之文）。又書僞武成：『王來自商，至于豐，乃偃武修文，歸馬于華山之陽，放牛于桃林之野，示天下弗服』。

君蜂目已露，但豺聲未振耳。必能食人，亦當爲人所食。

案當猶將也。史記秦本紀：『秦王爲人，蜂準長目（通鑑秦紀二注引作『蜂目長準』。），摯鳥膺，豺聲。少恩而虎狼心，居約易出人下，得志亦輕食人』。

彊梁（原誤果）有餘。

案敦煌本老子：『彊梁者不得其死』。今本彊作強，彊、強正、假字。莊子應帝王篇：『嚮疾強梁』。成疏：『強幹果決』。

因思吳中菰菜羹、鱸魚膾。

楊校箋本羹上補蓴字，云：晉書文苑張翰傳作『乃思吳中菰菜、蓴羹、鱸魚膾』。

案御覽八六二引世説羹上有蓴字。

時人皆謂爲見機。

案易繫辭：『君子見幾而作，不俟終日』。機、幾古通。

好乘人之弊，

案戰國策東周策：『秦恐公之乘其弊也』。

唯阿奴碌碌，

案史記酷吏列傳贊：『九卿碌碌奉其官』。平原君列傳：『公等錄錄，所謂因人成事者也』。藝文類聚七三引『錄錄』作『碌碌』，廣韻入聲屋第一娽下引作『娽娽，（云：史記亦作『錄錄』）。』碌、錄並娽之借字，說文：『娽，隨從也』。『娽娽』，凡庸貌。隨從所以爲凡庸也。

必興慭惻。

楊校箋本依袁本及考異改慭爲愍。案慭，或愍字。陸機歎逝賦：『慭城闕之丘荒』。與此同例。

緒期生若不佳，者僕不復相士。

案者猶則也，屬下讀。晏子春秋內篇諫上：『令章遇桀、紂，者章死久矣』。荀子解蔽篇：『比至其家，者失氣而死』。者並猶則也，屬下讀，與此同例。史記平原君列傳：『平原君曰：勝不敢復相士』。

賞譽第八

謖謖如勁松下風。注：『李氏家傳曰：……飂飂如行松柏之下』。

楊云：『說文：飂，高風也』。

案謖讀爲肅，楚辭七諫沈江：『商風肅而害生兮』。王逸注：『肅，急貌』。『肅肅』，風急貌。『飂飂』與『謖謖』義近，莊子齊物論篇：『而獨不聞之翏翏乎』？釋文：『翏翏，長風聲也。李〔頤〕本作飂』。飂、翏正、假字。

伐惡退不肖，

案荀子致仕篇：『口行相反，而欲賢者之至、不肖者之退，不亦難乎』？

肅肅如入廊廟中，

案爾雅釋訓：『肅肅，敬也』。

汪廧靡所不有。

案作『汪翔』是，猶『汪洋』也。

楊校箋本『汪廧』作『汪翔』，云：『宋本作「汪廧」，晉書裴楷傳作「汪翔」。吳士鑑斠注：「汪廧」爲「汪翔」之譌文』。

脫時過，止寒溫而已。

劉淇云：脫，或辭，猶儻也。（助字辨略五）。

案陶淵明與殷晉安別詩：『脫有經過便，念來存故人』。脫亦猶儻也。

自視缺然。

案莊子逍遙遊篇：『堯讓天下於許由，曰：吾自視缺然』。（又見高士傳上）。

濟以上人。

案下『王長史是庾子躬外孫』一則，『我已上人』。已與以同。陶淵明與子儼等疏：『自謂是羲皇上人』。鍾嶸詩品序：『謂鮑照羲皇上人』。

山濤以下，魏舒以上。注：『王隱晉書曰：……吾之不足盡卿，如此射矣。……』

楊校箋本據晉書魏舒傳，改注『吾之不足盡卿，如此射矣』。爲『吾之不足以盡卿才，有如此射矣』。案宋本注義自可通，莊子庚桑楚篇：『庚桑子(謂南榮趎)曰：今吾才小不足以化子，子胡不南見老子』？『吾之不足盡卿』，與『今吾才小不足以化子』，句例相似。

聖人之老成，

案詩大雅蕩：『雖無老成人，尙有典刑』。

嚴仲弼九皐之鳴鶴，空谷之白駒。

案詩小雅鶴鳴：『鶴鳴於九皐』。白駒：『皎皎白駒，在彼空谷』。

張威伯歲寒之茂松，

案莊子讓王篇：『大(原誤天)寒既至，霜雪既降，吾是以知松柏之茂也』。(又見呂氏春秋愼人篇、淮南子俶眞篇、風俗通窮通篇)。

懸鼓之待槌。注：『……張鳴字威伯，……』

楊校箋本依蔣(篁亭)校本，注鳴作鴻，云：『袁本作暢』。

案鳴乃暘之誤。暘卽暘之隸變。暘字威伯，暘與威義正相因。暘借爲蕩，說文：『蕩，艸茂也』。威借爲葳，一切經音義九八引說文：『葳，草木花盛皃』。(草蓋本作艸，花蓋本作華)。

以洪筆爲鉏耒，以紙札爲良田，以玄默爲稼穡，以義理爲豐年，以談論爲英華，以忠恕爲珍寶，箸文章爲錦繡，藴五色爲繒帛，坐謙虚爲席薦，張義讓爲帷幙，行仁義爲室宇，修道德爲廣宅。

案『義讓』疑本作『禮讓』，涉下『仁義』字而誤。禮記儒行篇：『忠信以爲甲胄，禮義以爲干櫓』。即此節句法所本。

往往與其旨合。注：『……濤有而不恃。……』

案老子二章、十章並云：『生而不有，爲而不恃』。

洛中錚錚馮惠卿，

案後漢書劉盆子傳，光武帝謂徐宣等曰：『卿所謂鐵中錚錚』。説文：『錚，金聲也』。段注：『後漢書曰：「鐵中錚錚」。鐵堅則聲異也』。

及胤子順並知名。注：『……愼字曼長。……』

案順本作愼，避宋孝宗諱改之也。（宋本爲孝宗時刻本）。注作愼，存其舊。

自昔諸人沒已來，常恐微言將絶。

案漢書藝文志序：『昔仲尼沒而微言絶』。師古注：「精微要妙之言耳」。

未嘗不覺我言爲煩。注：『晉陽秋曰：樂廣善以約言厭人心，其所不知，默如也。』

案注『厭人心』，猶『足人心』。厭借爲猒，說文：『猒，飽也，足也』。(據段注本)。論語子路篇：『君子於其所不知，蓋闕如也』。

苗而不秀。

案論語子罕篇：『子曰：苗而不秀者有矣夫』。

注而不竭。

案莊子齊物論篇、天地篇並云：『注焉而不滿，酌焉而不竭』。

常自神王。

案王借爲暀，美盛也。雅量篇有說。

諷味遺言，不如親承音旨。

案淮南子氾論篇：『誦先王之書，不如聞其言；聞其言，不若得其所以言』。(今本書上衍詩字，兩聞字下並衍得字，王念孫雜志有說)。

庇其宇下，使人忘寒暑。

案孔叢子抗志篇：『與聖人居，使窮士忘其貧賤，使王公簡其富貴』。(莊子則陽篇、淮南子俶眞篇並有類此之文)。與此語意相似。

卓犖有致度。

案後漢書班固傳：『逴犖諸夏』。（注：逴犖，猶超絶也。逴音卓。犖音呂角反）。又云：『卓犖乎方州』。文選楊德祖答臨淄侯牋：『聖賢卓犖』。左太沖詠史八首之一：『卓犖觀羣書』。注：『孔融薦禰衡表曰：『英才卓躒』。躒與犖同』。『卓犖』、『逴犖』、『卓躒』，皆同。

巖巖清歭，壁立千仞。注：『……識者以爲巖巖秀歭，壁立千仞。』

案詩小雅節南山：『節彼南山，維石巖巖』。廣雅釋訓：『巖巖，高也』。楊校箋本依各本歭作峙，注同。峙乃歭之變，（變止爲山，俗亦作跱）。

刁玄亮之察察，

案楚辭漁父：『安能以身之察察，受物之汶汶者乎』？『察察』下王注：『己清潔也』。

卞望之之峯距。注：『……戴若思之峯距，……』

楊校箋本依晉書卞壼之傳距作岠，云：『玉篇：「岠，大山也」。注同』。

案距、岠古通，穆天子傳一：『邛邛距虛走百里』。爾雅釋地距作岠，即其比。

何次道往丞相許。

案御覽三九三引郭子，『丞相』上有王字。

人所應有，其不必有；人所應無，己不必無。

案其、己互文，其猶己也。（己下楊校箋本從劉（盼遂）箋删不字，是）。

同濟艱不者也。

案不讀爲否泰之否，與鄙通，論語雍也篇：『予所否者，天厭之』！史記孔子世家否作不(蓄存論語之舊)，論衡問孔篇作鄙。與此不字同義。

王藍田拜揚州，主簿請諱，教云：『亡祖先君，名播海內，遠近所知。內諱不出於外。餘無所諱』。

案書鈔九四引語林云：『王藍田作會稽，外自請諱。答曰：惟祖惟考，四海所知。過此無所復諱』。

掇皮皆眞。

案此猶言『舉體皆眞』也。(『舉體』猶『通體』)。排調篇：『范啓與郗嘉賓書曰：「子敬舉體無饒縱，掇皮無餘潤」。郗答曰：「舉體無餘潤，何如舉體非眞者」』？『舉體』與『掇皮』互用，明其義相同。

吾於之甚至。

案於猶與也。史記淮南列傳：『大將軍遇士大夫有禮，於士卒有恩』。漢紀十二於作與，與此於字同義。

人可應有，乃不必有；人可應無，己必無。

案前『庾公爲護軍』一則，兩可字並作所，可猶所也。

卿故墮其雲霧中。

案史記張儀列傳：『此在其術中而不悟』。（其，舊誤吾）。

標雲柯而不扶疎。

案韓非子揚搉篇：『木枝扶疏』。王褒洞簫賦：『標敷紛以扶疎』。扶借爲枎。疎，俗疏字。說文：『枎，枎疏，四布也』。

直以眞率少許，便足對人多多許。

案陶淵明飲酒詩之十：『少許便有餘』。

傾倒處亦不近。

案似謂『寄懷亦遠』也。

非淵靜者，不能與之閑止。

案莊子在宥篇：『其居也淵而靜』。陶淵明止酒詩：『逍遙自閑止』。『閑止』一詞，葢本琴賦。

阿源有德有言。

案論語憲問篇：『子曰：有德者必有言』。

揚州獨步王文度，

案後漢書戴良傳：『獨步天下，誰與爲偶』？

亦名士之高操者。

案陶淵明癸卯歲十二月中作與從弟敬遠詩:『高操非所攀』。

文學鏃鏃,

案說文:『鏃,利也』。『鏃鏃,鋒利貌』。

舉體無常人事。

案排調篇:『子敬舉體無饒縱』。鍾嶸詩品卷上評陸機詩:『舉體華美』。皆用『舉體』一詞。

何足乃重?

案乃猶爲也。

其復愔愔竟夕。

案其猶乃也。

遇酒則酣暢忘反,

案孟子梁惠王篇:『從流下而忘反謂之流,從流上而忘反謂之連』。

雖遠方殊類,

案班固西都賦:『殊方異類』。

故有相思。

案『故有』猶『則猶』。劉子遇不遇篇:『性見於人,故賢愚可定;命在於天,則否泰難期』。故、則互文，其義一也。後漢書朱浮傳：『事有柱石之寄，情同子孫之親』。有亦與猶同義。

不覺爲煩。

案爲猶其也。史記張耳陳餘列傳：『此固趙國立名義，不侵爲然諾者也』。爲亦與其同義。

品藻第九

陳仲舉彊於犯上，李元禮嚴於攝下。犯上難，攝下易。注：『張璠漢紀曰：「時人謂之語曰：不畏彊禦陳仲舉，天下模楷李元禮。」』

案論語學而篇：『其爲人也孝弟而好犯上者，鮮矣』。詩大雅烝民：『不畏彊禦』。（屈翼鵬教授釋義云：彊禦，強横之人也）。又注時人語二句，後漢書黨錮李膺傳倒置。陶淵明集聖賢羣輔錄上『三君』條，宋李公焕注：『天下義府陳仲舉』。未知何據。

與時浮沈，

案莊子山木篇：『與時俱化』。（呂氏春秋必己篇同）。司馬遷報任安書：『從俗浮沈，與時俯仰』。

杜方叔拙於用長。注：『……育幼便歧嶷。』

楊校箋本注，從各本歧作岐。案岐、歧正、俗字。詩大雅生民：『誕實匍匐，克岐克嶷』。（朱子集傳：岐嶷，峻茂之狀）。後漢書馬援傳：『客卿幼而岐嶷』。

庾中郎與王平子鴈行。

案詩鄭風大叔于田:『兩驂鴈行』。

何如方回?注:『……淵端純素,……』

楊校箋本注端作靜,云:宋本作端,各本作靖。

案注端乃靖之誤,靖、靜古通,莊子在宥篇:『其居也淵而靜』。刻意篇:『純素之道,唯神是守』。

韶潤不如仲祖。

案『韶潤』猶『昭潤』,春秋繁露楚莊王篇:『韶者昭也』。

嵇叔夜儁傷其道。

案鍾嶸詩品卷中評嵇康詩:『過爲峻切,訐直露才,傷淵雅之致』。其詩如此,其人亦然。

洮洮清便。

案洮,讀爲佻巧之佻。『洮洮』,輕巧貌。離騷:『余猶惡其佻巧』。王注:『佻,輕也』。

聞會稽王語奇進,爾邪?

案爾猶然也。

弟子早已服膺。

案禮記中庸:『得一善,則拳拳服膺而弗失之矣』。

正爾有超拔，

案『正爾』猶『正唯』。

懍懍恆有生氣。

案金樓子立言上篇『懍懍』作『凜凜』，懍、凜並癛之俗字，說文：『癛，癛癛，寒也』。段注：『引申爲敬畏之偁』。此文『懍懍』，謂令人敬畏也。

身意正爾也。

案此猶言『我意正如此也』。晉人自呼爲身。本書屢見。

荆門晝掩，閒庭晏然。

案陶淵明歸園田居之二：『白日掩荆扉』。癸卯歲十二月中作與從弟敬遠：『荆扉晝常閉』。『晏然』，安然也。莊子山木篇：『聖人晏然體逝而終矣』。

樝梨橘柚，各有其美。

案說文：『樝，樝果，似梨而酢』。注引莊子，見天運篇，今本樝作柤，樝、柤正、假字。淮南子說林篇：『梨橘棗栗不同味，而皆調於口』。注：『莊子曰：樝梨橘柚，其味相反，皆可於口也』。

規箴第十

案左昭十六年傳:『子寧以他規我』。杜注:『規,正也』。昭二十六年傳:『子孝而箴』。注:『箴,諫也』。何晏景福殿賦:『圖象古賢,以當箴規』。

乳母求救東方朔。

案史記褚少孫補滑稽列傳,東方朔作郭舍人,當從之。補傳記郭舍人事後,續記東方朔事,世說因誤郭舍人爲東方朔耳。下文『卽敕免罪』下,注引滑稽傳云云,可參看。孝標引古書,往往多所改易,不必與褚補滑稽傳盡同也。

此非脣舌所爭。

案史記留侯世家:『此難以口舌爭也』。

亡國之君,各賢其臣。豈知不忠而任之?

案史記屈原列傳:『人君無愚智賢不肖,莫不欲求忠以自爲,舉賢以自佐。然亡國破家相隨屬,而聖君治國累世而不見者,其所謂忠者不忠,而所謂賢者不賢也』。

將恐今之視古,亦猶後之視今也。

案呂氏春秋長見篇:『今之於古也,猶古之於後世也;今之於後世,亦猶今之於古也』。

何日忘之。注：『……著五言詩以言志曰：「鴻鵠比翼遊，羣飛戲太清。常畏大網羅，憂禍一旦并。豈若集五湖，從流妾浮澨。永寧曠中懷，何爲怵惕驚」！……』

案鍾嶸詩品卷中評何晏詩：『平叔鴻鵠之篇，風規見矣』。卽此注所稱晏之言志詩也。『常畏大網羅』，楊校箋本從唐寫殘卷大作天，天、大於義並拙，恐是失之壞字。失猶墜也，廣雅釋詁二：『墜，失也』。『從流妾浮澨』，楊本從唐卷作『從流嚏浮蓱』。云：『各本作「從流唼浮萍」』。妾乃唼之壞字，嚏乃啑之譌變，唼、啑同字，說文作嗤，云：『嗤，噍也。从口集聲，讀若集』。噍卽嚼字，（說文：噍，或从爵）。澨乃蓱之誤，、蓱萍音義同。丁福保輯全三國詩中之魏詩，載何晏擬古詩云：『雙鶴比翼遊，羣飛戲太清。常恐失網羅，憂禍一旦并。豈若集五湖，順流唼浮萍，逍遙放志意，何爲怵惕驚』！與此注所載晏詩頗異。

令婢路上儋糞。

楊云：儋，唐卷作檐，誤。晉書作擔。

案檐乃擔之誤，儋、擔正、俗字。

則勳牟一匡，、

案論語憲問：『管仲相桓公，霸諸侯，一匡天下』。

寧使網漏吞舟？

案史記酷吏列傳：『網漏於呑舟之魚』。正義：『法令疏』。

諸從事自視缺然。

案莊子逍遥遊篇：『堯讓天下於許由，曰：吾自視缺然』。淮南子繆稱篇：『自視猶觖如也』。『觖如』猶『缺然』。

若爲亂階。

案詩小雅巧言：『職爲亂階』。

遠公在廬山中，注：『……左俠彭澤。……』

楊校箋本注，俠作挾，云：宋本、唐卷並作俠，今改。

案俠、挾古通，(漢書叔孫通傳：『殿下郎中俠陛』。師古注：『俠與挾同』)。宋本作俠，存唐本之舊，最爲可貴。

諷誦朗暢，詞色甚苦。

楊校箋本依唐本無『朗暢』二字，云：宋本及各本有『朗暢』二字。

案宋本作『朗暢』，暢乃暘之隸變(賞譽篇已有說)。疑唐本脱『朗暘』二字。

玄問此何爲？

楊校箋本從唐卷及(藝文)類聚二四引世説，問下補用字。云：宋本及各本無。

案渚宫舊事五問下亦有用字。

會當被縛，手不能堪芒也。

楊校箋本『會當被縛』，作『會被』。云：宋本及各本作『會當被縛』，唐卷作『會當縛』。類聚二四引世説作『會被』，今從類聚。

案類聚引此作『會被縛』，無當字。唐卷無被字。以此參驗，則作『會當被縛』，蓋存世説之舊。渚宫舊事亦作『會當被縛』。類聚引芒作痛。

汝爲此欻欻，

案欻當爲欻，借爲忽。説文：『欻，有所吹起。从欠炎聲，讀若忽』。『忽忽』，心神迷亂也。文選宋玉高唐賦：『悠悠忽忽』，注：『忽忽，迷貌』。

玄慙而止。注：『韓詩外傳曰：……有司請召民。……乃暴處於棠下，而聽訟焉。詩人見召伯休息之棠，……』

案注『有司請召民』句，文意不明，『召民』疑當作『營召』，外傳一作『有司請營召以居』。『乃暴處於棠下』，楊校箋本從唐卷作『乃曝處於棠樹之下』。曝字不必從唐卷，暴、曝正、俗字，外傳作『召伯暴處遠野，廬於樹下』。『而聽訟焉』下，楊本據唐卷補『百姓大悦』四字，外傳亦有此四字。外傳作『休息之棠』，楊本從唐卷作『所休息之樹』。外傳作『之所休息樹下』。

捷悟第十一

人餉魏武一盃酪，魏武噉少許，蓋頭上題合字以示衆，衆莫能解。次至楊脩，脩便噉，曰：『公教人噉一口也，復何疑』！

案金樓子立言下篇：『有寄檳榔與家人者，題爲合字，蓋人一口也』。亦題合字之例。

碑背上見題作『黃絹、幼婦、外孫、𩐎臼』八字。

案書鈔一百二引見字在碑字上，𩐎作韲。御覽四三二、五八九引𩐎亦並作韲，九三引作虀。說文：『𩐎，墬也。䪡，𩐎或从齊』。繫傳：『膾酢也』。卽細切之酢菜也。𩐎之或體作䪡，韲、虀並俗字。

乃覺三十里。

案御覽九三引覺作較，古字通用。楚辭九歎遠逝：『服覺皓以殊俗兮』。王注：『覺，較也』。

太祖思所以用之。

楊校箋本依唐卷，太祖下補『甚惜』二字。案御覽三五七、九六二引太祖下並有『意甚惜』三字。

夙惠第十二

飯今成麋。

楊校箋本依唐卷作『今皆成麋』。案御覽八五九引此亦作『今皆成麋』。

何晏七歲，明惠若神，魏武奇愛之。因晏在宮內，欲以爲子。

楊校箋本從唐卷惠作慧，因作以。案御覽三八五引惠亦作慧，因亦作以。又引何晏別傳曰：『晏時小，養魏宮，七八歲便慧心大悟，衆無愚智，莫不貴異之。魏武帝讀兵書，有所未解，試以問晏，晏分散所疑，無不冰釋』。然則魏武之注孫子，其中蓋有何晏之說矣。

晏乃畫地令方。

案莊子人閒世篇：『畫地而趨』。

豪爽第十三

母甚異之，知爲國器。

案史記韓長孺列傳：『唯天子以爲國器』。

帝令取鼓與之。

楊校箋本從唐卷及考異，帝下補卽字。案書鈔一百三十引此帝下亦有卽字。

傍若無人。

案史記刺客荆軻傳：『旁若無人者』。旁、傍正、假字。

好武養士，

楊云：袁本作『好養武士』。唐卷、宋本作『好武養士』。今從之。

案御覽六七引作『養武士』，蓋略好字。九八引作『好養武士』，蓋袁本所本。

誰能作此溪刻自處？注：『皇甫謐高士傳曰：「陳仲子，字子終，……居於陵，……嘗歸省母，有饋其兄生鵝者，仲子嚬顣曰：『惡用此鶂鶂爲哉』？後母殺鵝，仲子不知而食之，兄自外入，曰：『鶂鶂肉邪』！仲子出門，哇而吐之。……」』

案注『居於陵』下，楊校箋本據唐卷補『自謂於陵仲子，窮不求不義之食』二句。高士傳中陳仲子傳，『居於陵』下，亦有『自謂於陵仲子，窮不苟求不義之食』二句。又『嘗歸省母』，至『哇而吐之』云云，今本高士傳無，或誤脫；或孝標據孟子滕文公篇之文(又見論衡刺孟篇)增入者與？

河朔後以其名斷瘧。

楊校箋本從唐卷後作遂，並云：『斷瘧，晉書桓豁傳：「時有患瘧疾者，謂曰：『桓石虔來』！以怖之，病者多愈」。其見畏如此』。

案御覽二七九引此作『河朔遂以其威，時有患瘧者，怖之多愈。因斷瘧焉』。後作遂，與唐卷合。『時有』以下，疑據晉書桓豁傳補。

陳以如意柱頰，

楊云：柱，袁本作拄，唐卷作駐。

案柱、拄正，俗字。駐，借字。

詠『入不言兮出不辭，乘迴風兮載雲旗』。注：『離騷九歌少司命之辭。』

楊云：迴，唐卷及各本作回。

案楚辭九歌少司命迴亦作回，回、迴正、俗字。注以離騷統稱楚辭也。

容止第十四

楊云：『……禮記月令：「有不戒其容止者」，鄭玄注：「容止，猶動靜」。』

案容訓動，則借爲搈，廣雅釋詁一：『搈，動也』。（說文：搈，動搈也）。

魏武將見匈奴使，自以形陋，不足雄遠國。

案太平廣記一六九引殷芸小說載此事，雄作懷，雄字勝。御覽四四四引語林亦載此事，作雄，與此同。

魏明帝疑其傅粉。

楊校箋本魏明帝作魏文帝，云：宋本作魏明帝，非。初學記一〇引魚豢魏略、書鈔一二八、一三五、御覽三七九引語林，均作魏文帝，是。

案御覽二一、八百六十引語林，亦並作魏文帝。此作明帝，涉下一則魏明帝而誤也。

李安國頹唐如玉山之將崩。

案文選王子淵洞簫賦：『頹唐遂往』。注：『頹唐，隕墜貌』。頹借爲隤，說文：『隤，下隊也』。隊，俗作墜。

傀俄若玉山之將崩。

案『傀俄』，衺傾貌，與『頹唐』義相近。傀亦皆爲隤，廣雅釋詁二：『隤，衺也』。詩小雅賓之初筵：『側弁之俄』，鄭箋：『俄，傾貌』。

裴令公目王安豐，眼爛爛如巖下電。

案史記司馬相如傳：『磷磷爛爛，采色澔旰』。

左太沖絕醜，亦復效岳遊遨，於是羣嫗齊共亂唾之，委頓而返。注：『語林曰：「……張孟陽至醜，每行，小兒以瓦石投之，亦滿車」……』

案『委頓』猶『委惰』，楚辭哀時命：『飮愁悴而委惰兮』。王注：『委惰，懈惓也』。惓與倦同。御覽七六七引語林云：『晉張載，字孟陽，甚醜。每出，爲小兒擲瓦盈車』。與此注所引略異。

體中故小惡。

案故猶乃也。御覽三六六引惡下有耳字。

嵇延祖卓卓如野鶴之在雞羣。

案楚辭哀時命：『處卓卓而日遠兮』。王注：『卓卓，高貌』。

而悠悠忽忽，

案『悠悠忽忽』，略言之則爲『悠忽』，淮南子脩務篇：『我誕謾而悠忽』。高注：『悠忽，遊蕩輕物也』。

若不堪羅綺。注：『西京賦曰：……似不勝乎羅綺』。

案注『不勝』，文選西京賦作『不任』。勝、任、堪，並同義。

人久聞其名，

案御覽七三九、七四一引名並作『姿容』。

時人謂看殺衞玠。

案御覽兩引謂下並有之字。

雅懷有概，

案概猶量也。漢書楊惲傳：『漂然皆有節槩』。師古注：『槩，度量也』。

溫曰：溪狗我所悉。

楊校箋本改『溪狗』爲『傒狗』，云：『余嘉錫釋傖楚：「吳人目九江、豫章諸楚人爲傒」。……』

案『溪狗』卽『傒狗』，字本作溪。陳寅恪先生云：『後漢書南蠻傳略云：「〔帝高辛氏之畜狗〕槃弧得帝女，負而走入南山，生子十二人：六男五女。槃弧死後，因自相夫妻，語言侏離，今長沙武陵蠻也。章懷注引干寶晉紀云：「武陵長沙廬江郡蠻槃弧之後也。雜處五溪之內」。此支蠻種所以號爲溪者，與五溪地名至有關係。江左名人如陶侃亦出於溪族。世說新語容止篇，溫嶠曰：「溪狗我所悉」。太眞目士行爲溪人，據干寶晉紀，知廬江郡之地卽士行鄉里所在，元爲溪族雜處區域也。南史胡諧之傳云：「胡諧是何傒狗」，傒卽溪字，所以從人旁者，猶俚族之俚字，其初本只作里，後來始加人旁』。（魏書司馬叡傳江東民族條釋證論『谿』條）。

面如凝脂。

案詩衞風碩人：『膚如凝脂』。

何其軒軒韶舉！

案文選木玄虛海賦：『翔霧連軒』。注：『軒，舉也』。『軒軒』，舉貌。後『海西時』一則，『軒軒如朝霞舉』。亦同例。韶借爲超。

矯若驚龍。

案宋玉神女賦、曹植洛神賦並云：『婉若遊龍』。

仁祖企脚在北窗下彈琵琶，故自有天際眞人想。

案莊子大宗師篇：『天與人不相勝也，是之謂眞人』。郭注：『眞人同天人』。御覽五八三引語林云：『謝鎭西著紫羅襦，據胡床，在大市佛圖門樓上彈琵琶，作大道曲』。

桓謂王曰：定何如？

案定猶當也。陶淵明擬古九首之三：『君情定何如』？亦同例。

濯濯如春月柳。

案詩大雅崧高：『鉤膺濯濯』。毛傳：『濯濯，光明也』。此文『濯濯』，蓋光潔貌。

自新第十五

處卽刺殺虎，

案史記倉公列傳：『雖欲改過自新，其道莫由』。

案藝文類聚九六引卽作旣，旣猶卽也。戰國策趙策二：『今王卽定負遺俗之慮』，史記趙世家卽作旣。潛夫論潛歎篇：『君王年卽耆邪？明旣衰邪』？卽、旣互文，其義相同。

古人貴朝聞夕死，

案論語里仁篇：『朝聞道，夕死可矣』。藝文類聚三十引司馬遷悲士不遇賦：『朝聞夕死，孰云其否』？

淵既神姿峯穎，

楊校箋本據蒙求下、御覽四〇九引世說，改神爲風。案神當作風，涉下『神氣』字而誤也。御覽四百九引『神姿峯穎』，作『風姿鋒穎』。峯、鋒取義同。

神氣猶異。

案御覽引作『神氣獨異於衆』。猶與獨同義。文選王粲從軍詩五首之四：『許歷爲完士，一言獨敗秦』。史記趙奢傳索隱引獨作猶。論衡自紀篇：『猶獨不得此人同時』。『猶獨』，複語，其義相同。

作筆薦焉。注：『……夫枯岸之民，果於輸珠；潤山之客，列於貢玉。……』

案文心雕龍總術篇：『今人常言有文有筆，以爲無韻者筆也，有韻者文也』。鍾嶸詩品卷中評任昉詩：『彥昇少年爲詩不工，故世稱沈詩任筆』。彼所謂筆，今所謂文也。此所謂筆，亦同例。『作筆薦焉』，猶言『爲文薦之』。荀子勸學篇：『玉在山而草木潤，淵生珠而岸不枯』。

企羡第十六

但欲爾時不可得耳。注：『欲，一作歎。』

案考異欲作歎，義長。

王右軍得人以蘭亭集序方金谷詩序，

案呂氏春秋義賞篇：『武王得之矣』。高注：『得猶知也』。此文得，亦猶知也。後『郗嘉賓得人以己比符堅』，亦同例。

傷逝第十七

案陸機有歎逝賦，亦傷逝之意也。

文帝臨其喪，……注：『按戴叔鸞母好驢鳴，叔鸞每爲驢鳴，以説其母。』

案藝文類聚九四、御覽九百一引文帝上並增魏字。注稱戴良母事，見後漢書逸民戴良傳。

乘軺車。

案説文：『軺，小車也』。段注：『漢平帝紀：「立軺併馬」。服虔曰：「立軺，立乘小車也」』。

哭畢，向靈牀曰：『卿常好我作驢鳴，今我爲卿作』。

案今傳晉書王濟傳，稱濟卒，孫楚哭之，曰：『卿常好我作驢鳴，我爲卿作之』。卽本世說此文。初學記二九引晉書云：『王濟好驢鳴，孫楚哭之，曰：「子好驢鳴，爲汝作一聲」』。所記不同。而與篇首『王仲宣好驢鳴』事相類。

王戎喪兒萬子，山簡往省之，王悲不自勝。簡曰：『孩抱中物，何至於此？』王曰：『聖人忘情；最下不及情；情之所鍾，正在我輩』。

案列子力命篇：『魏人有東門吳者，其子死而不憂。其相室曰：「公之愛子，天下無有。今子死不憂，何也」？東門吳曰：「吾常無子，無子之時不憂。今子死，乃與嚮無子同。臣奚憂焉」？』(又見戰國策秦策三。末句臣猶僕也，古人相對往往稱臣)。若東門吳，可謂忘情者矣。

昔匠石廢斤於郢人，注：『莊子曰：郢人堊漫其鼻端若蠅翼，使匠石運斤斵之，堊盡而鼻不傷，郢人立不失容』。

案注引莊子云云，見徐无鬼篇。說文：『堊，白涂也』。漫借爲槾，說文：『槾，杇也。杇，所以涂也』。(涂，俗作塗)。

牙生輟弦於鍾子。注：『韓詩外傳曰：伯牙鼓琴，……以爲在者無足爲之鼓琴也』。

案呂氏春秋本味篇：『伯牙鼓琴，鍾子期聽之，方鼓琴而志在太山，鍾子期曰：「善哉乎鼓琴，巍巍乎若太山」！少選之閒，而志在流水，鍾子期又曰：「善哉乎鼓琴，湯湯乎若流水」！鍾子期死，伯牙破琴絶絃，終身不復鼓琴，以爲世無足爲鼓琴者』。又見說苑尊賢篇、列子湯問篇。注引韓詩外傳(卷九)云云，蓋滲雜呂氏春秋之文引之。

冀神理緜緜，

案老子六章：『緜緜若存』。

棲逸第十八

仡然不應。

案『仡然』，舉頭貌。史記司馬相如傳：『仡以佁儗兮』。索隱：『張揖曰：仡，舉頭也』。

棲神導氣之術，

案淮南子泰族篇：『棲神於心』。

聞上噾然有聲，……注：『……蘇門先生翛然曾不眄之。』

案噾，蓋與啾同。文選馬季長長笛賦注引蒼頡篇曰：『啾，眾聲也』。啾之作噾，猶鰌亦作鰍也。注『翛然』，楊校箋本從各本作『翛然』，是也。魏志王粲傳注、御覽三九二引魏氏春秋並作『蕭然』，翛、蕭古通，莊子大宗師篇向秀注：『翛然，自然無心而自爾之謂』。文學篇有說。

嵇康遊於汲郡山中，遇道士孫登，遂與之遊。康臨去，登曰：『君才則高矣，保身之道不足』。

案御覽三九二引孫登别傳：『孫登，字公和，汲郡共縣人。清靜無爲，其情志怡如也。好讀易、彈琴，頽然自得。觀其風神，若遊六合之外。當魏末，處共北山中，以石室爲宇，編草自覆』。（略見藝文類聚十九）。魏志王粲傳注引魏氏春秋曰：『初，康採藥於汲郡共北山中，見隱者孫登，康欲與之言，登默然不對。踰時將去，康曰：「先生竟無言乎」？登乃曰：「子才多識寡，難乎免於今之世」！及遭呂安事，爲詩自責曰：「欲寡其過，謗議沸騰，性不傷物，頻致怨憎。昔慙柳下，今愧孫登，內負宿心，外赧良朋」』！

山公將去選曹，欲舉嵇康，康與書告絕。

案魏志王粲傳注，文選嵇叔夜與山巨源絕交書注並引魏氏春秋曰：『山濤爲選曹郎，舉康自代，康答書拒絕，因自談不堪流俗，而非薄湯、武。大將軍聞而怒焉』。

茂弘乃復以一爵假人！注：『文字志曰：……茂弘復以一爵加人』！

案『假人』文字志作『加人』，假、加古通，論語述而篇：『加我數年』，史記孔子世家加作假，即其比。

何驃騎弟，

案御覽二三八引弟下有『第五』二字。

予第五之名，

案藝文類聚四八、御覽引名並作稱。

雖古之沈冥，何以過此？注：『楊子曰：蜀莊沈冥』。

案史記季布欒布傳贊：『雖往古烈士，何以加哉』？卽此句法所本。注引楊子云云，見法言問明篇。

孔車騎少有嘉遯意，

案易遯：『嘉遯貞吉』。魏志管寧傳：『嘉遁養浩』。遁與遯同。

南陽劉驎之，高率善史傳，

案陶淵明桃花源記：『南陽劉子驥，高尙士也』。

筐篚苞苴，故當輕於天下之寶也。

案呂氏春秋貴生篇：『天下，重物也』。史記伯夷列傳：『天下重器』。

賢媛第十九

陳嬰者，東陽人。少脩德行，箸稱鄉黨。秦末大亂，東陽人欲奉嬰爲主，母曰：『不可。自我爲汝家婦，少見貧賤。一旦富貴，不祥。不如以兵屬人，事成，少受其利；不成，禍有所歸』。

案『東陽人欲奉嬰爲主』句，主當作王，史記項羽本紀、漢書項籍傳、班彪王命論、續列女傳陳嬰之母傳、荀悅漢紀一皆作王。世說載此事，文句與王命論及漢紀較合。

輒披圖召之。

案御覽三八一引之作焉，義同。

脩善尚不蒙福，爲邪欲以何望？若鬼神有知，不受邪佞之訴。

案漢書外戚傳、續列女傳班女婕妤傳，『修善』並作『修正』，『邪佞』並作『不臣』。

至山陵，亦竟不臨。注：『魏書曰：武宣卞皇后，琅邪開陽人。以漢延熹三年生齊郡白亭，有黃氣滿室移日，父敬侯怪之，以問卜者王越。』

案魏志后妃傳注引魏書，『三年』下有『十二月己巳』五字，王越作王旦。

好尚不可爲，其況惡乎？注：『淮南子曰：……善尚不可爲，而況不善乎』？

案『其況』注引淮南子作『而況』，其猶而也。惟今本淮南子說山篇無而字。(注引淮南子上文，與今本亦頗有出入)。

君好色不好德，

案論語子罕篇：『子曰：吾未見好德如好色者也』！

明主可以理奪，

案呂氏春秋愼行論：『無忌勸王奪』。高注：『奪，取也』。

蚤知爾耳。注：『……允有王情，』

楊云：王，蔣(篁亭)校、沈校作主，袁本作正，宋本作王，未知孰是。

案此猶言『早知如此矣』。注當從宋本作『王情』，王借爲暀，盛也。雅量篇：『太傅神情方王』，與此王字同義。

爲子則孝，爲臣則忠。

案莊子漁父篇：『事親則慈孝，事君則忠貞』。

此才足以拔萃，然地寒，不有長年，

案孟子公孫丑篇：『拔乎其萃』。後漢書蔡邕傳：『曾不能拔萃出羣』。管子中匡篇：『導血氣以求長年』。陶淵明讀史述七十二弟子章：『回也早夭，賜獨長年』。

門戶殄瘁，

案詩大雅瞻卬：『邦國殄瘁』。毛傳：『殄，盡。瘁，病也』。王念孫云：『殄瘁，皆病也。周官稻人：「夏以水殄草而芟夷之」。鄭注：「殄，病也」』。(經義述聞七)。

侃室如懸磬，

案國語魯語上：『室如懸磬』。

嘗以坩鮓餉母。

案書鈔一四六引鮓作鮺，下同。說文作鮺，云：『鮺，藏魚也。從魚，差省聲』。段注：『俗作鮓。釋名曰：鮓，菹也。以鹽米釀魚爲菹，孰而食之也』。

非唯不益，

案藝文類聚七二、御覽七五八及八六二皆引作『非唯不能益吾』。

徐曰：『國破家亡，無心至此；今日若能見殺，乃是本懷』。主慙而退。注：『妬記曰：溫平蜀，……遂善之』。

案『乃是本懷』，類說三十一、御覽三八一引是並作其，其猶是也。史記呂后本紀：『孝惠見問，迺知其戚夫人』。御覽八七引其作是，亦其比。藝文類聚十八引妬記云：『桓大司馬以李勢女爲妾，桓妻南郡主拔刀率數十婢往李所，因欲斫之。見李在窗前梳頭，髮垂委地，姿貌絕麗。乃徐下地結髮，斂手向主，曰：「國破家亡，無心以至今日；若能見殺，實猶生之年」。神色閑正，辭氣悽惋。主乃擲刀前抱之，曰：「阿子，見汝不能不憐，何況老奴」！遂善遇之』。與劉注所引，頗有出入。

使太傅暫見，

案使猶如也，漢書外戚傳：『使鬼神有知，不受不臣之愬；如其無知，愬之何益』！使、如互文，其義一也。（世說賢媛篇使，如並作若，義亦同）。廣雅釋言：『乍，暫也』。則暫亦乍也。『使太傅暫見』，猶言『如太傅乍見』耳。陶淵明與子儼等疏：『五六月中北窗下臥，遇涼風暫至』。暫亦乍也。

浴後，婦故送新衣與。

案御覽三九五、六八九引後並作訖。三九五引故作固，義同。書鈔一二九引與作往。

催使持去。

楊云：事類賦一二、御覽三九五、六八九引作『催使將去』。

案書鈔引作『使使送還』。恐非其舊。事類賦（注）、御覽引持並作將，義同。呂氏春秋報更篇：『臣有老母，將以遺之』。初學記二六引將作持，韓詩外傳一：『鮑焦衣弊膚見，挈畚持蔬』。新序節士篇持作將。並同例。

桓公大笑，箸之，

案御覽三九五、六八九引笑下並有而字。

見汝輩來，平平爾。

案後漢書班超傳：『任尚曰：我以班君當有奇策。今所言，平平耳』。耳與爾同。

婦兄弟欲迎妹還，

楊校箋本據御覽五一七、事文別二所引，改作『婦弟欲迎姊還』。案御覽五一七引作『婦弟欲迎其姊還』。

死寧不同穴！

案御覽引穴下有也字。

術解第二十

於是伏阮神識。注：『……夫亡國之音哀以思，其民困。』

案禮記樂記：『亡國之音哀以思，其民困』。(又見史記樂書)。

荀勗嘗在晉武帝坐上食筍進飯，

案藝文類聚八十、御覽八百五十引嘗並作曾，義同。

實用故車腳。

案藝文類聚引實上有『外荅云』三字。

箸連錢障泥。

案初學記二三、御覽三五九引錢並作乾，御覽又引障作彰，並通用字。

督郵言在『鬲上住』。

楊校箋本改鬲爲膈。案類林三一引鬲正作膈。

巧藝第二十一

文帝於此戲特妙，用毛巾角拂之，無不中。……注：『……唯彈棊略盡其妙。』

案藝文類聚七四引戲作技，戲字蓋涉上文而誤。御覽七五五、太平廣記三二八引中下並有者字。注文妙字，藝文類聚、御覽引魏文帝典論並作功。

棲卽頹壞。

案藝文類聚六三、初學記二四、御覽一七六、太平廣記二二五引卽下皆有便字。

韋仲將能書，

案御覽七四七引能作善，義同。史記萬石列傳：『有姊能鼓琴』。御覽五一七引能作善。亦同例。

仍竊去不還。

案仍猶因也。

後鍾兄弟以千萬起一宅，

案御覽一百八十、三四三引『一宅』並作『新宅』。

二鍾入門，

案御覽一百八十、三四三引鍾下並有來字。

戴乃畫南都賦圖。

案御覽七百五十引乃作爲(去聲),乃猶爲也。戰國策秦策五:『王后乃請趙而歸之』。史記呂不韋列傳正義引乃作爲,亦其比。(此義前人未發)。

有蒼生來所無。

案類說三一引有作自,義同。莊子人閒世篇:『回之未始得使,實自回也;得使之也,未始有回也』。自、有互文,自亦有也。文心雕龍夸飾篇:『才非短長,理自難易也』。自亦與有同義。(此義前人未發)。孟子公孫丑篇:『自生民以來,未有夫子也』。

唯務光當免卿此語耳。

案注引列仙傳云云,本莊子讓王篇。注:『列仙傳曰:……湯將伐桀,讓於光。……負石自沈於盧水』。(又見呂氏春秋離俗篇,盧水作募水)。

殊勝未安時。

案藝文類聚七四引勝下有向字。

明府正爲眼爾。

案藝文類聚、御覽七百四十引正下並有當字。

此子宜置丘壑中。

案藝文類聚引作『此子自宜置於丘壑之中』。

寵禮第二十二

王公曰，

楊云：類聚四、御覽二九、九八引作『文獻曰』。案御覽二九引『文獻曰』下有注云：『文獻，王導謚』。

臣下何以瞻仰！

案藝文類聚引『瞻仰』作『仰瞻』，（御覽九八引同）。下更有『帝乃止』三字。御覽二九引『瞻仰』下有『乃止』二字，乃上當有帝字。

王珣、郗超並有奇才，爲大司馬所眷拔。

案藝文類聚十九引奇作俊，爲下有桓字。御覽二四九引奇作儁，四六五引作雋，儁與俊同。雋，借字。御覽兩引爲下並有桓温二字，温字不必有。

下車呼其兒，

案書鈔八二引呼上有便字。御覽五三九引呼上有使字，使乃便之誤。

任誕第二十三

陳留阮籍，譙國嵇康，河内山濤，……沛國劉伶，陳留阮咸，河内向秀，琅邪王戎，七人常集于竹林之下，肆意酣暢，故世謂竹林七賢。

案魏志王粲傳注引魏氏春秋曰：『康寓居河内之山陽縣，與陳留阮籍，河内山濤，河南向秀，籍兄子咸，琅邪王戎，沛人劉靈，相與友善，遊於竹林，號爲七賢』。向秀上河南二字當删，秀與山濤同爲河内人，世説是。劉伶字作靈，是故書。

籍飲噉不輟，神色自若。注：『……雖不率常禮，而毁幾滅性。然爲文俗之士何曾等深所讎疾。』

案魏志王粲傳注引魏氏春秋，『常禮』作『常檢』，幾下有至字，『文俗』作『禮法』。

劉伶病酒，

案御覽八四六引伶作靈，下同。藝文類聚七二引語林亦同。

一飲一斛，五斗解酲。婦人之言，愼不可聽。

案藝文類聚引語林斛作石，不作莫，義並同。

便引酒進肉，隗然已醉矣。

案御覽四百八十引竹林七賢論作『仍引酒御肉，隗然而已復醉矣』。隗借爲穨，俗作頽。

步兵校尉缺，廚中有貯酒數百斛，阮籍乃求爲步兵校尉。注：『竹林七賢論又云：「籍與伶共飲步兵廚中，並醉而死」。此好事者爲之言。籍景元中卒，而劉伶太始中猶在』。

案魏志王粲傳注引魏氏春秋曰：『籍聞步兵校尉缺。廚多美酒，營人善釀酒，求爲校尉。遂縱酒昏酣，遺落世事』。御覽八四五引劉注作『或云：「籍與劉靈飲步兵廚中，酒未盡，並醉而物故」。皆好事者爲之。籍景元中卒，太始中靈猶存焉』。文小異。

屋室爲幝衣，諸君何爲入我幝中？

案御覽八四五引幝作褌，類林三一引上幝字作褌，下幝字作裩。褌爲幝之或體，裩，俗字。（說文：『褌，幝或從衣』。朱駿聲通訓定聲云：『古之褌，今之滿襠褲也』）。御覽引『何爲』作『何以』，以猶爲也。

阮籍嫂嘗還家，籍見與別，或譏之。

案藝文類聚二九、御覽四八九引還並作歸，或上並有人字。

七月七日，北阮盛曬衣，皆紗羅錦綺。仲容以竿挂大衣犢鼻幝於中庭。人或怪之，答曰：『未能免俗，聊復爾耳』。注：『……七月七日，法當曬衣，諸阮庭中，爛然錦綺。咸時總角，乃豎長竿掛犢鼻幝也。』

案初學記四引竹林七賢論曰：『七月七日，諸阮庭中，爛然莫非錦綈。咸時總角，乃豎長竿標大布犢鼻褌於庭中。曰：「未能免俗，聊復共爾」』。與劉注所引有異，而與正文所述略同。

定將去。

案定猶已也，史記項羽本紀：『項梁聞陳王定死』，宋世家：『聞文公定立』，趙世家：『主父定死』。諸定字皆與已同義。（此義前人未發）。漢書禮樂志：『九夷賓將』。師古注：『將猶從也』。『定將去』，猶云『已從去』耳。

非一木所能支。

案治要引慎子知忠篇、事文類聚後集二三引莊子，並云：『廊廟之材，非一木之枝也』。

去去，無可復用相報。

案曹植雜詩六首之一：『去去莫復道』。

山公時一醉，徑造高陽池，日莫倒載歸，茗艼無所知。

案藝文類聚九引襄陽記作『山公何所往？來至高陽池。日夕倒載歸，酩酊無所知』。御覽四九七引襄陽耆舊記作『山公出何許？往至高陽池。日夕倒載歸，酩酊無所知』。晉書山簡傳同。御覽六八七、八四五引世說，『茗艼』亦並作『酩酊』，俗字也。

復能乘駿馬，……舉手問葛彊，

案御覽引襄陽耆舊記，『復能乘駿馬』，作『時時能騎馬』。『舉手』作『舉鞭』。晉書山簡傳同。

一手持蟹螯，一手持酒盃，

案藝文類聚四八引晉中興書作『右手持酒卮，左手持蟹螯』。七二引晉中興書作『右手執酒杯，左手執蟹螯』。

大相剖擊。

案『剖擊』猶『掊擊』，莊子人閒世篇：『自掊擊於世俗者也』。逍遙遊篇：『吾爲其無用而掊之』。釋文引司馬彪云：『掊，擊破也』。

嘗經三日不醒。

楊云：類聚四八、御覽二一一、四九七引世說作『嘗經三日醒』。宋本不字衍。

案御覽八四五引此作『嘗經三日不醒』。與宋本合。

自送過淛江，

楊云：淛江，即浙江古名也。

案書鈔七七引此作浙江。亦稱制河，莊子外物篇：『自制河以東』，（本亦作淛河）。釋文：『制河，諸設反，依字應作浙。河亦江也。北人名水皆曰河』。御覽八三四引莊子作浙江。

少苦執鞭，恆患不得快飲酒。使其酒足餘年畢矣。

案論語述而篇：『富而可求也，雖執鞭之士吾亦爲之』。漢書疏廣傳：『樂與鄉黨宗族共饗，以盡吾餘日』。陶淵明詠二疏：『放意樂餘年』。

都下人因附百許函書。

案書鈔一百三引語林作『郡下人因附書百餘函』。此文都乃郡之誤。御覽五九五引語林作『郡人因寄百餘函書』。郡下略下字。藝文類聚五八引語林『人寄百餘函書』。人上略『郡人』二字。

因祝曰：……殷洪喬不能作致書郵。

案藝文類聚、御覽引語林曰上並有之字，致並作達。

酒，正使人人自遠。

案陶淵明連雨獨飲詩：『試酌百情遠』。

向有大力者負之而趨。注：『莊子曰：……然有大力者負之而走，……』

案注引莊子云云，見大宗師篇，力上本無大字，此據正文增之。淮南子俶眞篇亦云：『夫藏舟於壑，藏山於澤，人謂之固矣。雖然，夜半有力者負而趨，寐者不知』。

襄陽羅友有大韻，少時多謂之癡。嘗伺人祠，欲乞食。……得食便還，了無怍容。

案陶淵明亦嘗乞食，有乞食詩。然羅友之乞食，乃名士任誕習氣，與陶公爲飢所逼而乞食者大異矣！

卿向欲咨事，何以便去？

案御覽八六三引作『卿向欲諮事，今何以去』？渚宫舊事五咨亦作諮，咨、諮正、俗字，爾雅釋詁：『咨，謀也』。

張驎酒後挽歌甚悽苦。桓車騎曰：『卿非田横門人，何乃頓爾至致』？注：『譙子法訓云：「……高帝召齊田横至于尸鄉亭，自刎，奉首，從者挽至於宫。……鄰有喪，舂不相。引挽人銜枚，孰樂喪者邪」？按莊子曰：「紼謳所生，必於斥苦」。……』

案史記田儋列傳：『高帝使使赦田横罪而召之，田横至尸鄉廄置，遂自剄，令客奉其頭，從使者馳奏之高帝』。集解：『應劭曰：「尸鄉，在偃師」。瓚曰：「廄置，置馬以傳驛也」。』正義：『崔豹古今注云：「薤露蒿里，送喪(原誤哀)歌也，出田横門人。横自殺，門人傷之而作悲歌。言人命如薤上露，易晞滅。至李延年乃分爲二曲：薤露，送王公貴人。蒿里，送士大夫庶人。使挽柩者歌之，俗呼爲挽歌」』。劉注引法訓，『奉首』上當補『令客』二字，從下當補使字，史記可證。禮記曲禮：『鄰有喪，舂不相』。鄭注：『相，謂送杵聲』。又劉注引莊子云云，乃逸文，又見初學記十四、御覽五五二、事文類聚前集五九、合璧事類前集六八。

時戴在剡，

案藝文類聚二引語林剡下有溪字。

酒，正自引人箸勝地。

案書鈔一四八引郭子箸作入。

王便令人與相聞，曰：『聞君善吹笛，試爲我一奏』。桓時已顯貴。

案書鈔一一一引此『相聞』同。藝文類聚四四引作『相問』。聞、問古本通用，此當作聞。又類聚引時上有爾字，『爾時』一詞，本書習見。

王佛大歎言：『三日不飲酒，覺形神不復相親』。注：『……醉輒經日。』

案書鈔一四八引郭子亦云：『王佛大嘆曰：三日不飲酒，覺形(原誤行)神不復和親也』。御覽八四五引注『醉輒經日』，作『一飲或連日不醒』。

簡傲第二十四

酣放自若。

楊校箋本據御覽三九二所引，改放爲飲。案藝文類聚一九引此作『酣放』，與宋本同，則放字蓋存此文之舊矣。

聞所聞而來，見所見而去。

案魏志王粲傳注引魏氏春秋作『有所聞而來，有所見而去』。

安後來，值康不在，喜出戶延之，不入，題門上作鳳字而去。喜不覺，猶以爲欣，故作。鳳字，凡鳥也。

案金樓子立言篇下：『世人有忿者，題其門爲鳳字，彼不覺，大以爲欣。而意在凡鳥也』。又云：『人有罵奴，而命名風者，凡蟲也』。亦此類也。

人言君侯癡，君侯信自癡。

案御覽二四九引語林云：『王藍田少有癡稱，王丞相以地辟之。旣見，無他問，問：「來時米幾價」？藍田不答。直張目視王公，王公云：「王掾不癡，何以云癡」』？又見四百九十。亦見書鈔六八，文較略，『以地辟之』，作『以記室辟之』。

卿在府久，

楊校箋本久上有日字，云：久上，晉書王徽之傳、書鈔六九、一二八引世說有日字，今據增。

案御覽二四九引此作『卿在府久』。渚宮舊事五同。與宋本合。

王獨在輿上迴轉顧望，左右移時不至。

楊校箋本依藝文類聚六五所引，改迴爲展。案藝文類聚引在作坐，『左右』作『而僕從』。

排調第二十五

亦有丹朱。

案亦猶且也，史記高祖本紀：『去輒燒絕棧道，以備諸侯盜兵襲之；亦示項羽無東意』。通鑑漢紀一亦作且。即其證。

與人期行，何以遲遲？

案史記留侯世家：『與老人期，後何也』？即此句法所本。

流可枕，石可漱乎？

楊校箋本據晉書孫楚傳及御覽三六八所引，改作『流非可枕，石非可漱』。

案太平廣記二四五引此，仍作『流可枕、石可漱乎』？

所以枕流，欲洗其耳。

案史記伯夷列傳索隱引莊子云：『堯讓天下於許由，由遂逃箕山，洗耳於潁水』。

攀龍附鳳，並登天府。注：『……攀龍附鳳，並登天府。夫舐痔得車，沈淵得珠，……』

案揚雄法言淵騫篇：『攀龍鱗，附鳳翼』。後漢書光武帝紀：『耿純曰：士大夫從大王於矢石之間，固望攀龍鱗，附鳳翼，以成其志耳』。莊子列禦寇篇：『秦王有病召醫，破癰潰痤者得車一乘，舐痔者得車五乘。所治愈下，得車愈多』。（楊校箋亦引之，未舉篇名）。又云：『河上有家貧恃緯蕭而食者，其子沒於淵，得千金之珠』。

本謂雲龍騤騤，

案張衡南都賦：『駟飛龍兮騤騤』。廣雅釋訓：『騤騤，盛也』。

庾征西大舉征胡，

案類說三一引『征胡』作『伐胡』。

猶欲理而用之。

案類林引理作整。

卿國史何當成？

案『何當』猶言『何時』。（丁聲樹先生有何當解，中央研究院歷史語言研究所集刊第十一本，一九四三）。

大丈夫不當如此乎？

案史記高祖本紀：『大丈夫當如此也』。

謝甚有愧色。桓公目謝而笑曰：郝參軍此過乃不惡。

楊校箋本據御覽九八九所引，改過爲通。云：『此通』者，猶『此回』也。

案藝文類聚二五、御覽四六六、九八九引甚皆作殊。渚宮舊事五過亦作通。

不能者罰酒三斗。

案渚宮舊事五斗作升。

作詩何以作蠻語?

楊校箋本作『何爲作蠻語』? 云:『白帖二一、御覽、三九〇、七八五、廣記二四六、事文別六引世說作「何爲蠻語」? 今據白帖』。

案御覽三百九十引此仍作『作詩何以作蠻語』? 類說三一引同。渚宮舊事作『作詩何以蠻語』? 以下萿脫作字。

始得蠻府參軍, 那得不作蠻語也?

楊校箋本據御覽七八五、廣記二四六所引, 『始得』下增一字。案御覽三百九十、類說引此仍作『始得蠻府參軍』。渚宮舊事同, 又『蠻語』下無也字, 而有『溫大笑』三字。

道王敬仁聞一年少懷問鼎。不知桓公德衰, 爲復後生可畏?

案左宣三年傳:『楚子觀兵於周疆, 定王使王孫滿勞楚子, 楚子問鼎之大小輕重焉。對曰: 在德不在鼎』。『爲復』猶『乃亦』。

習鑿齒、孫興公未相識,

案渚宫舊事五孫興公作王恂。

恆似是形，

楊云：是，御覽三九六引世說作則。

案則猶是也。史記呂后本紀：『卽立齊王，則復爲呂氏』。齊悼王世家、漢書高五王傳則並作是，卽其比。

簸之揚之，糠秕在前。

案說文：『簸，揚米去穅也』。穅、糠正、俗字。

既見，坐之獨榻上與語。

案御覽九一六引既作引，無之字。

昔羊叔子有鶴善舞，

案御覽引善作能，義同。呂氏春秋蕩兵篇：『能用之則爲福，不能用之則爲禍』。（今本上能字作善，據高誘注改）。亢倉子兵道篇能並作善，卽其證。

氃氋而不肯舞，

案御覽引肯作能，肯字勝。

虞存嘲之曰：『與卿約法三章：談者死，文筆者刑。商略抵罪』。

案史記高祖本紀：『沛公西入咸陽，還軍霸上，召諸縣父老豪桀曰：與父老約法三章耳：殺人者死，傷人及盜抵罪』。

子敬舉體無饒縱，掇皮無餘潤。

案『舉體』猶『通體』，與『掇皮』爲互文，明其義相同，故下文又云：『舉體無餘潤』。賞譽篇有說。

二郗諂於道，二何佞於佛。

案類說三一引此，諂、佞二字互易，標題亦作『諂佛佞道』。

必勞神苦形，支策據梧邪？注：『莊子曰：昭文之鼓琴，師曠之支策，惠子之據梧，三子之智幾矣，皆其盛也，故載之末年。』

案注引莊子云云，見齊物論篇（矣本作乎，義同）。又德充符篇：『莊子（謂惠子）曰：今子外乎子之神，勞乎子之精，倚樹而吟，據槁梧而瞑』。

汝可謂前倨而後恭。注：『戰國策曰：「……秦笑謂其嫂曰：何先倨而後恭」？

案注引戰國策云云，見秦策一。『何先倨而後恭』？本作『嫂何前倨而後卑也？』史記蘇秦傳作『何前倨而後恭也』？與此正文尤合。（注所引戰國策云云，與史記文較合）。

磊砢之不。

楊校箋本依各本改不爲流。案不乃沶之壞字。沶，俗流字。宋本流字大都作沶。

白布纏棺竪旒旐。

案渚宮舊事五竪作附。

井上轆轤臥嬰兒。

案御覽三百九十引臥作安。

周殊無忤色。

楊校箋本依各本改忤爲忤。案忤與忤同。正字作啎，說文：『啎，逆也』。

祖參軍如從屋漏中來。

案類林三一引中作下。

肅愼貢其楛矢。

案類林引肅愼上有則字。

輕詆第二十六

案輕詆，謂輕鄙詆毁也。篇中諸輕字，皆輕鄙義。

乃復爲之驅馳邪？

案孟子滕文公篇：『王良曰：吾爲之範我馳驅』。

言至欵雜。

楊校箋本『欵雜』作『駁雜』，云：宋本作『欵雜』，御覽四〇五作『駮雜』，皆非是。

案欵蓋駮之誤，御覽引作駮，駮亦駮之誤，駮，俗駁字。

蔡伯喈睹睞笛椽。……注：『……余同寮桓子野有故長笛，』

案御覽五百八十引文士傳曰：『蔡邕告吳人曰：吾昔常經會稽高遷亭，見屋椽竹，東間第十六可爲笛。取用，果有異聲』。（又略見書鈔一一一）。注『同寮』，書鈔一一一、藝文類聚四四、初學記十六皆作『同僚』。寮（寮之俗省）、僚古通。左文七年傳：『同官爲寮』。

王謂林公詭辯。

案史記屈原列傳：『設詭辯於懷王之寵姬鄭袖』。

余與夫子，交非勢利，心猶澄水，同此玄味。

案莊子山木篇：『夫以利合者，迫窮禍患害相棄也。……君子之交淡若水，小人之交甘若醴』。

謝安目支道林如九方皐之相馬，略其玄黃，取其儁逸。注：『支遁傳曰：「遁每標舉會宗，而不留心象喻，解釋章句，或有所漏。……」列子曰：「伯樂謂秦穆公曰：臣有所與共儋纆（原誤纏）薪菜者，有九方皐。……」』

案文學篇注引支遁莊子逍遙論百四十餘字，陸德明莊子釋文引支氏莊子逍遙遊注六條，（詳文學篇)。比而觀之，支氏標舉會宗，固長於解釋章句。注引列子云云，又見淮南子道應篇，九方皋作九方堙，白帖二九引作九方皋，蓋與列子相溷。惟九方堙當卽九方皋也。(莊子徐无鬼篇有九方歅，歅與堙通)。

沙門雖云俗外，反更束於教。

案莊子秋水篇：『曲士不可以語於道者，束於教也』。

見一羣白頸烏，但聞喚啞啞聲。

案淮南子原道篇：『烏之啞啞』。

當復不烝食不？

案御覽九八六引復下無不字，烝作蒸。類說三一引烝亦作蒸。烝、蒸正、假字。

假譎第二十七

有偸兒賊。

案太平廣記一百九十引殷芸小說賊作至。

魏武行役失汲道，

楊校箋本據初學記　、御覽二九五、事文後二五所引，刪汲字。案御覽九百七十引此亦無汲字。

乃令曰，

案御覽二九五引作『公令曰』，九百七十引作『帝令曰』。(初學記九引作『帝曰』。蓋略令字)。

執者信焉。……注：『……操題其主者背以徇，』

案太平廣記一百九十引殷芸小説執作侍。注『題其主者背以徇』，魏志武帝紀注引曹瞞傳作『取首題徇』。

我眠中不可妄近，便斫人。

楊校箋本據各本及書鈔二十所引，便上重近字。案書鈔二十引『便斫人』，作『近輒斫人』。太平廣記一百九十引殷芸小説同。御覽三九三引此，便上亦重近字。

後陽眠，

楊云：陽，御覽三九三、事文後二一引並作佯。

案太平廣記引殷芸小説陽亦作佯。佯，俗字。

庾欲奔竄，則不可；欲會，恐見執。

案史記淮陰侯列傳：『信欲發兵反，自度無罪；欲謁上，恐見禽』。蓋此句法所本。

我固疑是老奴，果如所卜。

案藝文類聚四十、御覽五四一並引作『固嫌是此老奴，果如所疑』。嫌、疑互文，嫌亦疑也。説文：『嫌，一曰疑也』。

愍度道人始欲過江，與一傖道人爲侶，謀曰：『用舊義往江東，恐不辦得食』。便共立『心無義』。既而此道人不成渡，愍度果講義積年。後有傖人來，先道人寄語云：『爲我致意愍度，無義那可立？治此計，權救饑爾。無爲遂負如來也』。

陳寅恪先生云：『僧肇不眞空論云：「心無者，無心於萬物，萬物未嘗無。此得在於神靜，失在於物虛」。元康肇論疏上釋此節云：「世說云：『愍度欲過江，與一傖道人爲侶云云』。從是以後，此義大行。高僧傳云：『沙門道恆頗有才力，常執心無義，大行荆土。竺法汰曰：「此是邪說，應須破之」。乃大集名僧，令弟子曇壹難之。據經引理，折駁紛紜。恆杖其口辯，不肯受屈。日色既暮，明旦更集。慧遠就席攻難數番，問責鋒起。恆自覺義途差異，神色漸動，麈尾扣案，未卽有答。遠曰：「不疾而速，杼柚何爲」？坐者皆笑。心無之義於是而息』。今肇法師亦破此義。先敍其宗，然後破也。『無心於萬物，萬物未嘗無』者，謂經中言空者，但於物上不起執心，故言其空。然物是有，不曾無也。『此得在於神靜，失在於物虛』者，正破也。能於法上無執，故名爲『得』。不知物性是空，故名爲『失』也」。據世說新語之說，心無義乃愍度所立，爲得食救飢之計者。元康肇論疏引世說，並云：「從是以後，此義大行」。是其意與世說相同，皆以心無之義創始於愍度。其所引高僧傳之文，在慧皎書卷五法汰傳中。其意蓋以爲心無之義至道恆而息也。世說所載，雖出於異黨謗傷者之口，自不可盡信。獨其言愍度自立新義，似得其實』。(支愍度學說考，中央研究院歷史語言研究所集刊外編，第一種，一九四三)。

女之頑嚚，

案書堯典：『父頑母嚚』。一切經音義二引蒼頡篇云：『嚚，惡也』。

好用智數，

案說文：『數，計也』。

黜免第二十八

桓公入蜀，至三峽中，部伍中有得猨子者。

案史記李將軍列傳：『廣行無部伍行陣』。藝文類聚九五引宜都山川記云：『峽中猨鳴至清，諸山谷傳其響，泠泠不絕。行者歌之曰：巴東三峽猨鳴悲，猨鳴三聲淚霑衣』。

桓公坐有參軍，椅蒸薤不時解。

楊校箋本作『桓公坐有參軍椅，食蒸薤不時解』。云：『椅，書鈔一四五引世說作「名倚」，御覽八四七引世說作「椅」，又九七七引世說作「猗」。蒸上書鈔一四五引有「食」字，今據增。』

案御覽八四七未引此文，八四九引此文仍作椅，九七七引此椅作猗，有注云：『音羇，筯取物也。』

椅當作掎，（俗書從才、從木之字往往相亂）。屬下讀，掎、猗正、假字。（詩豳風七月：『猗彼女桑』。毛傳：『角而束之曰猗』。猗亦掎之借字。朱駿聲說文通訓定聲有說）。說文：『掎，偏引也』。故此文可訓爲『觡取物』。書鈔一四五引此文椅作『名倚』，蒸上有食字。以倚爲參軍名，屬上絕句，則蒸上當有食字。如御覽九七七所引之注爲孝標逸注，則書鈔所引不足據矣。又『不時』猶『不卽』。陶淵明讀山海經十三首之一：『旣耕亦已種，時還讀我書』。時亦與卽同義。

儋梯將去。

案類說三一引作『擔梯持去』。儋、擔正、俗字，將、持同義。

辭轉苦切。

案御覽九九引切下更有『爲家國之計，必應行事』九字。

儉嗇第二十九

後更責之。注：『……戎性至儉，不能自奉養，財不出外，天下人謂爲膏肓之疾。』

案藝文類聚四十、御覽五四一引後上並有裁字，裁與纔同。注，能猶善也。（排調篇有說）。左成十年傳：『疾不可爲也，在肓之上，膏之下。攻之不可，達之不及，藥不至焉，不可爲也』。

區宅僮牧，膏田水碓之屬，洛下無比。

案御覽四七二引牧作役，無作『莫有』。

恐人得其種，

楊校箋本據晉書王戎傳及事文後二五所引，刪其字。案藝文類聚八六引此亦無其字。

唯餉王不留行一斤。

案類説三二引斤作本。

王丞相儉節，

楊校箋本據考異相下增性字。案御覽四三一引郭子相下亦有性字。

公令舍去，曰。

楊校箋本據考異去下增敕字。案御覽引郭子去下有勑字，敕、勑正、俗字。

汰侈第三十

並用瑠璃器。

楊校箋本據類聚八四、八五、書鈔一二九、御覽四七二、七五六、八一六所引，改並爲悉。案御覽四七二引此作『並不用盤，悉用琉璃器』。(琉與瑠同)。則並似非悉之誤，並下葢脱『不用盤、悉』四字耳。藝文類聚八四引此作『盤悉用瑠璃器』。八五引作『槃悉用瑠璃器』。槃與盤同，上蓋略『並不用』三字。書鈔一二九、御覽七五六、八一六引此則皆略『並不用盤（或槃）』四字。

王君夫以粭糒澳釜，

楊云：『粭糒』，類聚八〇作『粘糖』，御覽四七二作『粘糒』，又八五二作『飴餔』。

案藝文類聚八十引『粭糒』作『粭糖』。此當以作『飴餔』爲正，粭、糒並俗字，糒、糖並糒之誤。說文：『飴，米蘗煎也』。段注：『米部曰：「蘗，芽米也」。火部曰：「煎，熬也」。以芽米熬之爲飴，今俗用大麥』。廣雅釋器：『飴，餳也』。釋名釋飲食：『餔，哺也。如餳而濁可哺也』。餔如餳而濁，故與飴連文。

恆冬天得韭蓱虀。

案御覽八四一引蓱作萍，蓱與萍同。

武帝，愷之舅也。

楊校箋本從各本改舅爲甥。案太平廣記二三六引此，舅亦作甥。

有三尺、四尺，條幹絕世，

楊校箋本據晉書石崇傳及太平廣記二三六所引，改世爲俗。案太平廣記引有下有高字。『絕世』蓋世說之舊。唐人避太宗諱，以俗代世，廣記承之耳。史記平原君列傳：『夫賢士之處世也』，文選曹子建求自試表注、吳季重答東阿王書注引世並作俗，亦避太宗諱也。

愷悯然自失。

案莊子說劍篇：『文王芒然自失』。『悯然』猶『芒然』，自失貌。太平廣記引此作『悵然』。

見顏、原象。注：『家語曰：顏回，字子淵，魯人。少孔子二十九歲而髮白。三十二歲早死』。

案史記仲尼弟子列傳：『顏回者，魯人也。字子淵。少孔子三十歲。……回年二十九髮盡白，蚤死』。(閻若璩四書釋地又續云：『回少孔子三十歲』。『三十』下脫七字，蓋生於魯昭公二十八年丁亥，卒於哀公十二年戊午，方合三十二歲之數)。家語七十二弟子解：『顏回，魯人，字子淵。年二十九而髮白，三十一早死』。劉注所引家語，孔子下疑脫『三十歲』三字。『少孔子三十歲』句，蓋移引史記之文入家語也。(劉注引書往往如此)。今本家語『三十一早死』句，一乃二之誤。當據劉注訂正。史記索隱引家語亦作『三十二』。(史記仲尼弟子列傳斠證有說甚詳)。

何至以甕牖語人！注：『原憲以甕爲戶牖。』

案莊子讓王篇：『原憲居魯，甕牖二室』。(又見高士傳卷上)。韓詩外傳一、新序節士篇亦並云：『原憲居魯，蓬戶甕牖』。

忿狷第三十一

便殺惡性者。

案御覽五六八引惡上有向字。

冷如鬼手馨，

劉淇云：『馨，餘語聲，不爲義也』。（助字辨略二）。

子敬實自清立，但人爲爾。多矜咳，殊足損其自然。

案咳借爲侅，說文：『侅，奇侅，非常也』。『矜侅』猶言『矜奇』。子敬之清立，由於人爲。人爲則多矜奇，而損其自然矣。

讒險第三十二

能短長說。

案史記田儋列傳贊：『蒯通者，善爲長短說』。索隱：『戰國策亦名短長書』。

當何所益邪？

案當猶將也。

讒言以息。注：『……同惡相求，有如市賈。終至誅夷，曾不攜貳。』

案左昭十三年傳：『同惡相求，如市賈焉』。又云：『諸侯事晉，未敢攜貳』。

尤悔第三十三

案論語爲政篇：『言寡尤，行寡悔，祿在其中矣』。

文帝以毒置諸棗蔕中，自選可食者而進，王弗悟，遂雜進之。

楊云：而下宋本有進字，屬上句。類聚八七、御覽九六五引世說並無進字，則而字亦當屬下句，是。

案藝文類聚八七引置作著。宋本而下進字乃涉下『雜進』字而衍。當據類聚及御覽所引刪，而字屬下讀。

須臾遂卒。注：『……有此忿懼而暴薨。』

案魏志彭城威王彰傳注引魏氏春秋，『忿懼』作『忿怒』。

欲聞華亭鶴唳，可復得乎？注：『……聞此，不如華亭鶴唳。』

案藝文類聚九十引晉八王故事云：『陸機爲成都王所誅，顧左右而歎曰：今日欲聞華亭鶴唳，不可復得』。注『鶴唳』，書鈔一二一、御覽三三八引語林並作『鶴鳴』。

而兒遂不濟。

案遂猶終也。

寧有賴其末，而不識其本。注：『文公種菜，曾子牧羊。』

楊校箋本注作『文公種米，曾子架羊』。云：『宋本作「文公種菜，曾子牧羊」。類説引「牧羊」作「枷羊」。陸賈新語輔政篇作「文公種米，曾子駕羊」。淮南泰族篇、説苑雜言篇並作「文公種米，曾子架羊」。劉子新論觀量章作「文公種米，曾子植羊」。勇按，當作「文公種米，曾子架羊」是』。案注當作『文公種米，曾子架羊』。楊説是。菜、牧二字，蓋淺人妄改。劉子觀量篇『文公種米，曾子植羊』。天中記五四引米亦作菜，與此同誤。『植羊』亦當作『架羊』，植字蓋因上句種字聯想而誤；或亦淺人所改。新語輔政篇『曾子駕羊』，意林引駕作枷，宋本説苑雜言篇『曾子架羊』，他本架作駕。尸子云：『羊不任駕鹽車』。則當以作駕爲正。架，借字。（參看拙著劉子集證所引孫詒讓、孫楷第諸説）。

桓車騎在上明政獵，

楊校箋本依各本『政獵』作『畋獵』。案政非誤字，政與正同，渚宮舊事五作『正獵』，可證也。

紕漏第三十四

王敦初尚主，

案考異作『王大將軍尚主』，御覽三九一、七百六十引此並同。書鈔一三五引此作『王將軍尚公主』。王下蓋脫大字。

因倒箸水中而飲之。

案考異箸上有豆字，藝文類聚八四、書鈔、御覽三九一引此，亦皆有豆字。

羣婢莫不掩口而笑之。

案考異作『羣婢莫不笑』。御覽三九一引同。(書鈔引作『羣婢莫不笑之』。御覽七一二引作『羣婢莫不大笑也』。並與考異較合)。

以相開悟。

案史記商君列傳：『衞鞅曰：吾說公以帝道，其志不開悟矣』。

鯯魚蝦鮭未可致。

案御覽九四三引鮭作鮓，鮭與鮺同，說文：『鮺，藏魚也。南方謂之魿，北方謂之鮺。從魚，差省聲』。俗作鮓。

惑溺第三十五

今年破賊正爲奴。注：『……見婦人被髮如垂涕。』

楊校箋本注『見婦人被髮如垂涕』，從袁本作『見婦人被髮垢面垂涕』。案『如垂涕』猶言『而垂涕』，下文『使令攬髮，以袖拭面』。正對此『被髮如垂涕』而言。文義完好，無煩增改。

荀奉倩與婦至篤，冬月婦病熱，乃出中庭自取冷，還，以身熨之。婦亡，奉倩後少時亦卒，以是獲譏於世。奉倩曰：婦人德不足稱，當以色爲主。

案御覽三百八十引晉陽秋曰：『荀粲，字奉倩，常曰：「婦人者才智不足論，自宜以色爲主」。驃騎將軍曹洪女，有美色。粲於是娉焉。容服帷帳甚麗，專房宴寢，歷數年後，婦偶病亡。未殯，傅嘏往唁，粲不哭神傷，曰：「佳人難再得」！痛悼不已，歲餘亦亡』。粲當作粲，粲，俗粲字。顏氏家訓勉學篇：『荀奉倩喪妻，神傷而卒』。

生載周，

楊云：『生載周』，晉書賈充傳作『生三歲』。御覽三七一引異苑作『生二歲』。案載與再同，『生載周』，猶言『生二歲』。御覽三七一引異苑作『年始二歲』，與世說合。藝文類聚三五引王隱晉書作『三歲』，與晉書賈充傳合。

充就乳母手中嗚之。郭遙望見，謂充愛乳母，卽殺之。兒悲思啼泣，不飲他乳。遂死。郭後終無子。

案藝文類聚引王隱晉書『嗚之』作『惡之』。(惡、嗚同音通用)。下作『郭遙望見，疑充，卽鞭乳母，殺之。兒思乳母而死。郭又生一男，乳母抱在中庭，充過拈頰，郭又疑，復殺乳母，又男死』。

遂不復入。

案藝文類聚三五引郭子，遂下有出字。

遂爲夫婦如初。

案左隱元年傳：『遂爲母子如初』。卽此句法所本。

悅之。

案御覽三九二引『悅之』作『心甚悅之』。下更有『乃問其婢識此人不？婢說是其先主女』十五字。

壽蹻捷絕人。

案御覽引蹻作趫、趫、蹻正、假字。說文：『趫，善緣木之士也』。(段注本)。引申有健捷義。文選曹子建七啓：『蹻捷若飛』。注：『廣雅曰：「趫、趨行也」。今爲蹻，古字無定也』。

安豐曰：『……後勿復爾』。婦曰：『親卿愛卿，是以卿卿……』。

案類說三一引『復爾』作『如之』，『是以』作『故爲』，義並同。

仇隙第三十六

岳省內見之，

案文選潘安仁金谷集作詩注引岳下有於字。

後收石崇、歐陽堅石，

案文選歐陽堅石臨終詩注：『王隱晉書曰：「石崇外生歐陽建，渤海人也。爲馮翊太守，趙王倫之爲征西，撓亂關中，建每匡正，不從私欲，由是有隙。倫篡立，勸淮南王允誅倫，未行，事覺。倫收崇、建及母妻，無少長皆行斬刑」。孫盛晉陽秋曰：「建字堅石，臨刑作」』。

可謂『白首同所歸』。注：『……卿復何爲？』

案類說四九引殷芸小說，『卿復何爲』？作『君復何爲者』？一本者作爾。

潘金谷詩集序，

楊校箋本從袁本作『潘金谷集詩』。案文選金谷集作詩注引作『岳金谷集詩』。

當時不盡知也。注：『晉陽秋曰：司馬丞字元敬，……』

楊校箋本注，丞作承，云：『宋本作丞，非。晉書本傳作承，是。今從之，下同。元敬，晉書本傳作敬才，書鈔六一引晉中興書宗室錄作「字士恭」，又七二引作士敬，未知孰是』。

案注司馬丞，晉書丞作承，下同。丞、承古通，史記酷吏張湯傳：『於是丞上指』，漢書丞作承，藝文類聚四五引風俗通佚文云：『丞者，承也』。並其證。元敬，葢士敬之誤。晉書作敬才，亦當作士敬，士誤爲才，復倒在敬字下耳。書鈔六一引中興書作士恭，孔廣陶校注云：『本鈔刺史篇(卷七二)引他事作士敬，以避宋諱，傳鈔者改敬作恭耳』。

王陵廷爭，陳平從默，但問克終云何耳。

案史記陳丞相世家：『高后欲立諸呂爲王，問王陵，王陵曰：「不可」。問陳平，……。陳平僞聽之。及呂太后崩，平與太尉勃合謀，卒誅諸呂立孝文皇帝』。(參看呂后本紀)。又『云何』，注引晉安帝紀作『如何』，云猶如也。

一九七五年三月廿六日
脫稿於南洋大學中文系

文心雕龍綴補

文心雕龍綴補

劉彦和才大思深，所撰文心雕龍，辭義隱而難曉；兼以鈔、刊流傳，往往失其舊觀。輓近學人，權衡商榷，疏通考校者多多矣。一九六二年冬，岷嘗寫斠記一篇，粗舉百六十事。一九六四年夏，發表於新加坡大學中文學會學報第五期。近歲講習是書，復頗有創獲，補苴前説。斠證史記、箋證陶詩之暇，仍據通行黄叔琳注本，清理成篇，更名文心雕龍綴補。淺見小知，或亦偶有可取者耳。

原道第一

方、圓體分。

案淮南子天文篇：『天道曰圓，地道曰方』。又見大戴禮天圓篇，盧辯注：『道曰方、圓耳，非形也』。彦和謂『方、圓體分』。未審。

日月疊璧，以垂麗天之象。山川煥綺，以鋪理地之形。

案劉子慎言篇：『日月者，天之文也。山川者，地之文也』。

惟人參之，性靈所鍾，是謂三才。

案莊子寓言篇：『孔子曰：夫〔人〕受才夫大本，復靈以生』。漢書刑法志：『夫人宵天地之額，懷五常之性，聰明精粹，有生之最靈者也』。陶淵明感士不遇賦：『咨大塊之受氣，何斯人之獨靈』。

爲五行之秀，實天地之心。

黃叔琳云：『一本實上有人字，心下有生字』。

案『人實天地之心生』。文不成義，一本非也。『爲五行之秀，實天地之心』。並承上文人言之，則實上不必贅人字，蓋涉上文『惟人參之』而衍；禮記禮運：『人者，天地之心也』。卽此文『天地之心』所本，則心下不當有生字，蓋涉下文『心生而言立』而衍。又案爲、實互文，義並同是。

夫豈外飾？蓋自然耳。

案夫猶此也。彥和於文，主自然美。然其所謂自然，乃雕琢後之自然也。

其無文歟？

案其猶豈也。

幽贊神明，易象惟先。

案『神明』及下文之『神理』，並猶『神道』。道爲一切之主宰，故言神也。惟猶爲也。

言之文也，

案之猶而也。

丹文綠牒之華。

案文謂字也。練字篇：『三豕渡河，文變之謂也』。文亦字也。

業峻鴻績，九序惟歌，

黄侃札記云：『業、績同訓功，峻、鴻皆訓大，此句位字，殊違常軌』。

案『業峻』疑『峻業』之誤倒。『峻業』猶『鴻績』也。爾雅釋詁：『績，業也』。惟猶是也。

文勝其質。

案其猶於也。

剬詩緝頌，

紀昀評云：『古帖制字多書爲剬，此剬字疑爲制之訛』。

孫蜀丞校云：『御覽剬作制』。

案作制是。淮南子主術篇：『其立君也，所以剬有司使無專行也』。文子上義篇剬作制，本書宗經篇：『據事剬範』，孫蜀丞云：『唐寫本剬作制』。剬並制之誤，與此同例。

獨秀前哲。

案陶淵明遊斜川詩序：『獨秀中皋』。閑情賦：『獨曠世以秀羣』。

必金聲而玉振。

案必猶若也，似也。（必與若、似同義，裴學海古書虛字集釋十有說）。

木鐸起而千里應。

案御覽五八五引起作啓，古字通用。釋名釋言語：『起，啓也』。説文：『啓，敎也』。

觀天文以極變。

案『天文』，兼指日月星辰及河圖洛書而言。

彪炳辭義。

案廣雅釋詁三：『彪，文也』。文有光彩義。説文：『炳，明也』。『彪炳』猶『光明』。抱朴子外篇行品：『文彪昺而備體』。昺與炳同，廣雅釋詁四：『昺，明也』。

徵聖第二

文章昭晰以象離。

孫詒讓札迻云：『元本晰作哲。説文日部云：「昭晢，明也」。晢或作晣，晰即晣之譌體。此書多作哲者，用通借字也』。

案敦煌唐寫本晰作晢，明唐荆川稗編七五引作哲。

五例微辭以婉晦。

案唐寫本以作而，義同。

是以子政論文，必徵於聖；稚圭勸學，必宗於經。

黄校云：『子字元脱，楊補。「稚圭勸學」四字元脱，楊補』。唐寫本作『是以論文必徵於聖，窺聖必宗於經』。趙萬里校云：『唐本是也。黄本依楊校，政上補子字，「必宗於經」上補「稚圭勸學」四字，臆説非是』。案涵芬樓景明嘉靖刊本作『是以政論文必徵於聖，必宗於經』。稗編引作『是以論文必徵於聖，必宗於經』。論上無政字，與唐寫本合。

故知正言所以立辯，

孫蜀丞云：『唐寫本辯作辨』。

案稗編引辯亦作辨，下同。辨、辯古通。

而訓詁茫昧。

孫蜀丞云：唐寫本『訓詁』作『詁訓』。

案明嘉靖本亦作『詁訓』。

五石六鷁，

孫蜀丞云：御覽鷁作鶂。

案唐寫本亦作鶂。

是以往者雖舊，

案唐寫本雖作唯，唯猶雖也。

若稟經以製式。

案唐寫本製作制，古通。

正緯第四

商、周以前，

案唐寫本以作已，古通。

學者比肩。

案藝文類聚二十、御覽四百二並引申子：『千里有賢者，是比肩而立也』。戰國策齊策：『千里而一士，是比肩而生』。

辨騷第五

奇文鬱起，

案漢書王褒傳：『朝夕諷誦奇文』。洪興祖楚辭補注一載此篇，鬱作蔚，鬱、蔚正、假字。

固已軒翥詩人之後，奮飛辭家之前。

案楚辭補注本『固已』作『故以』，古字通用。人、家互文，家猶人也。情采篇：『昔詩人什篇，爲情而造文；辭人賦頌，爲文而造情』。物色篇：『所謂詩人麗則而約言，辭人麗淫而繁句也』。彼以『詩人』、『辭人』對言，猶此以『詩人』、『辭家』對言也。

然其文辭麗雅，

案楚辭補注本其作而，義同。

王逸以爲詩人提耳，

案楚辭補注本人下有之字。

及漢宣嗟歎，

案詩大序：『言之不足，故嗟嘆之』。陶淵明遊斜川詩序：『不復乃爲嗟嘆』。

揚雄諷味，

案稗編七三引味作咏。

豐隆求宓妃，

案楚辭補注本宓作虙，古字通用。

摘此四事，

孫蜀丞云：唐寫本摘作指。

案上文『指以爲樂』。此文摘作指，與上指字複，疑涉上文而誤。楚辭補注本摘作適。古字通用。

漁父寄獨往之才。

案莊子在宥篇：『獨往獨來』。

明詩第六

大舜云：『詩言志，歌永言。』

案明馮惟訥古詩紀別集一引永作詠，論衡謝短篇、漢書藝文志引書並同。漢書禮樂志引書永作咏，師古注：『咏，古詠字也。咏，永也』。

逮楚國諷怨，則離騷爲刺。

案『楚國』疑當作『楚臣』，鍾嶸詩品序：『楚臣去境』。『諷怨』，謂『諷主怨生』。史記屈原傳：『屈平之作離騷，蓋自怨生也。……上稱帝嚳，下道齊桓，中述湯、武，以刺世事』。

亦造仙詩。

案玉海五九引仙作僊。下文『詩雜仙心』。唐寫本亦作僊。僊、仙古、今字。

按召南、行露，始肇半章。

案始猶已也。史記魏世家：『事始已行，不可更矣』。『始已』複語，始猶已也。陶淵明戊申歲六月中遇火一首：『果菜始復生，驚鳥尚未還』。車柱環君云：『始與已同義』。陶公還舊居一首：『今日始復來，惻愴多所悲！』始亦與已同義。(此義前人未發)。

觀其結體散文，

案「散文」猶「舒文」。上文「舒文載實」。

清典可味。

黄校云：「典，一作曲，從紀聞改」。

案明嘉靖本典作曲，古詩紀引同。玉海引作典，曲乃典之壞字。

並憐風月，

案唐寫本憐作怜，俗。

辭譎義貞，

案玉海引貞作正，義同。情采篇：「采濫辭詭，則心理愈翳」。「辭詭」猶「辭譎」。彦和所取於應詩者，「義貞」而已。

莫與爭雄。

孫蜀丞云：「唐寫本與作能」。

案與猶能也。左襄二十九年傳：「是盟也，其與幾何」？國語晉語一：「雖謂之挾而猾以齒牙，口弗堪也，其與幾何」？吳語：「民生於地上，寓也，其與幾何」？與皆與能同義。（此義前人未發）。

莊、老告退，而山水方滋。

案謝靈運詩喜用老、莊，而此云「莊、老告退，而山水方滋」者，蓋山水詩化莊、老入山水，一掃空談玄理，淡乎寡味之風也。此猶陶淵明詩喜用莊子，而云『擺落悠悠談』。(飲酒詩第十二首)。蓋陶公田園詩，化莊子入田園，與謬悠空談，固異其趣矣。

離合之發，則明於圖讖。

案顏氏家訓書證篇：『春秋說以人十四心爲德。詩說以二在天下爲酉。……如此之類，蓋數術謬語。……潘、陸諸子離合詩賦，皆取會流俗，不足以形聲論之也』。

回文所興，則道原爲始。

案晉竇滔妻蘇蕙(若蘭)以璇璣圖回文詩著稱。蕙乃蘇道賢第三女，(見唐武后璇璣圖詩序)。則其善作回文詩，蓋由家學。竊疑此文道原乃道賢之誤。

民生而志，

案而猶有也。戰國策齊策：『千里而一士，是比肩而立』。藝文類聚二十引申子：『千里有賢者，是比肩而立』。一言而，一言有，其義一也。史記孝武本紀：『是時而李少君亦以祠竈、穀道、卻老方見上』。論衡道虛篇而作有，正而、有同義之證。(此義前人未發)。

樂府第七

音聲推移，

案莊子秋水篇：『夫不爲頃久推移』，楚辭漁父：『而能與世推移』。

精之至也。

孫蜀丞云：『唐寫本至作志』。

案至、志古通，荀子中多此例。本書史傳篇：『子長繼至』，孫蜀丞云：『御覽至作志』。時序篇：『並志深而筆長』。古詩紀別集一引志作至，並其比。莊子漁父篇：『眞者，精誠之至也』。文選嵇叔夜幽憤詩注兩引至並作志，亦同例。

志不出於淫蕩。

黃叔琳注云：『文帝於譙作、孟津諸作，則又或述酣宴，志不出於淫蕩之證也』。

孫蜀丞云：『唐寫本淫作惂』。

案明嘉靖本淫作滔，古詩紀別集一引同。『滔蕩』複語，滔亦蕩也。（淮南子本經篇：『共工振滔洪水』。高誘注：『滔，蕩也』）。唐寫本作惂，惂乃慆之誤。滔、慆正、假字。黃本作淫，蓋妄改。淮南子精神篇：『五藏搖動而不停，則血氣滔蕩而不休矣；血氣滔蕩而不休，則精神馳騁於外而不守矣』。（又見文子九守篇）。劉子防欲篇：『志氣縻於趣捨，則五藏滔蕩而不安』。並以『滔蕩』連文，與此取義亦同。

雅詠溫恭，必欠伸魚睨；奇辭切至，則拊髀雀躍。

案必、則互文，必猶則也。劉子貴農篇：『魚無水，則不得而生；人失足，必不可以步』。明謙篇：

『高必以下爲基，貴則以賤爲本』。並同此例。

詮賦第八

受命於詩人，拓宇於楚辭也。

孫蜀丞云：『唐寫本人下有而字，御覽亦有而字』。

案玉海九引人下亦有而字。

畫繪之著玄黃。

孫蜀丞云：『御覽著作差』。

案唐寫本著作羗。羗，俗差字。差猶別也。

色雖糅而有本。

黄校云：『本，一作儀』。

孫蜀丞云：『唐寫本本作義』。

案玉海、明徐元太喻林八八引本並作儀。儀、義古通，儀、本義近，國語周語下：『儀之於民』。韋昭注：『儀，準也』。

遂使繁華損枝，膏腴害骨。

孫蜀丞云：『御覽損作折』。

案宋潘自牧記纂淵海五七引損亦作折；又引害作壞。

頌讚第九

以歌九韶。

孫蜀丞云：『唐寫本韶作招，御覽八五八引亦作招』。

案玉海六十引韶亦作招。

非讌饗之常詠也。

孫蜀丞云：唐寫本『讌饗』作『饗讌』，常作恆。

案玉海引此與唐寫本同。

樂正重讚，

案玉海六二引讚作贊，下同。

及遷史、固書，

孫蜀丞云：『唐寫本作「及史、班囙書」，御覽作「及史、班書、記」』。

案明嘉靖本作『及史、班固書』，唐寫本固作囙，囙，俗因字。固蓋因之形誤。玉海引此作『及史、班書、記』，與御覽引合。

銘箴第十一

魏顆紀勳於景鐘。

黄校云:『鐘，元作銘，曹改』。

趙萬里云:『唐寫本銘作鐘』。

案玉海二百四引銘亦作鐘。

温嶠傅臣，

趙萬里云:『唐寫本傅作侍』。劉永濟校釋云:『御覽同』。

案玉海五九引傅亦作侍。

引廣事雜。

黄校云:『廣，一作多。雜，一作寡』。

趙萬里云:『唐寫本作「引多而事寡」』。劉永濟云:『御覽同』。

案御覽引作『引多事寡』。玉海引作『文多事寡』。

故文資确切。

黄校云:『确，元作確，朱改』。

案御覽五八八引確正作确。確，俗字。

其取事也，必覈以辨。

黄校云：『覈，元作覆』。

案明嘉靖本覈字同，玉海二百四引亦作覈。稗編七五引誤覆。

雜文第十四

身挫憑乎道勝。

案淮南子精神篇：『子夏見曾子，一臞、一肥。曾子問其故。曰：出見富貴之樂而欲之；入見先王之道又説之。兩者心戰，故臞。先王之道勝，故肥』。張協雜詩之五：『道勝貴陸沈』。陶淵明詠貧士之五：『道勝無戚顏』。

里醜捧心，

黄校云：『醜，元作配，謝改』。

孫蜀丞云：『御覽配作醜』。

案喻林八九引配亦作醜。

諧隱第十五

豈非溺者之妄笑，

黄校云:『笑,元作茂,朱改』。

案喻林八九引茂正作笑。

昔還社求拯于楚師,

黄校云:『社,元作楊。拯,元作極』。

案王應麟漢書藝文志考證八引楊正作社,極正作拯。明嘉靖本極亦作拯。

伍舉刺荆王以大鳥。

案漢書藝文志考證引刺作諫。

史傳第十六

其載籍乎?

案史記伯夷列傳:『夫學者載籍極博』,司馬相如列傳載相如封禪文云:『五三六經載籍之傳』。

又擺落漢、魏,

黄校云:『「擺落」一作「撮略」,從御覽改』。

案陶淵明飲酒詩之十二:『擺落悠悠談』。

理欲吹霜煦露,

黄校云：『「理欲」二字衍。煦，一作噴，從御覽改』。

案明嘉靖本煦作噴。記纂淵海七五引此無『理欲』二字，噴亦作煦。喻林八八引此無理字。

負海內之責，而贏是非之尤。

案明嘉靖本贏作嬴，稗編七二引同。嬴、負互文，嬴亦負也。莊子胠篋篇釋文引廣雅云：『嬴，負也』。（今本廣雅釋言作攍，釋詁亦作攍，云：『擔也』）。黄本此文嬴作贏，嬴、贏古通，莊子胠篋篇：『贏糧而趣之』。文選賈誼過秦論注引嬴作贏，即其比。

諸子第十七

而文王諮詢。

案玉海五三引『諮詢』作『咨謀』。咨、諮正、俗字。

子自肇始，

案玉海引『子自』作『諸子』。

逮及七國力政，俊乂蠭起。

案文選東方曼倩荅客難注引慎子曰：『昔周室之衰也，厲王擾亂，天下諸侯力政』。商君書開塞篇：『力征諸侯者退悳』。『力政』與『力征』同。史記項羽本紀贊：『豪傑蠭起』。

於是七略芬菲，九流鱗萃。

案玉海引作『七略派流，諸子鱗萃』。明嘉靖本『九流鱗萃』，作『流鱗萃止』。非。

然繁辭雖積，

黃校云：辭，謝補。

案明嘉靖本有辭子，稗編四三引辭作言。

踳駮者出規。

案玉海、稗編、喻林八九引駮並作駁，是也。俗多以駮爲駁。(玉篇馬部：駮，今作駁)。莊子天下篇：『其道舛駁』，文選左太沖魏都賦注、鮑明遠擬古詩注引『舛駁』並作『踳駁』，(說文繫傳十引作『踳駁』)。踳與舛音義並同。

此純粹之類也。

案莊子刻意篇：『純粹而不雜』。

而辭氣文之大略也。

案稗編引此無文字，是也。文蓋之字之誤而衍者。

雖明乎坦途，

黃校云：『雖、乎二字，元作難、于，朱改』。

案難乃雖之形誤，難改雖，是也。于猶乎也，則無煩改字。莊子秋水篇：『明乎坦塗』，猶言『明于坦塗』也。

辨雕萬物，智周宇宙。

案雕、周互文，雕亦借爲周。莊子天道篇：『知雖落天地，不自慮也。辯雖雕萬物，不自說也』。即此文所本。御覽四六四引莊子落作絡，古字通用，與周義合。記纂淵海六七引莊子辯作辨，與此合，古字通用。道藏褚伯秀義海纂微本莊子彫作雕，與此合，古字通用。又莊子盜跖篇：『知維天地，能辯諸物』。維猶絡也，與周義亦相合。

論說第十八

而研精一理者也。

黄校云：『精，元脫，朱補』。

孫蜀丞云：『御覽有精字』。

案玉海六二引此亦有精字。

白虎通講聚，述聖言通經。

孫蜀丞云：『明抄本御覽『通講』作『講聚』。御覽無聚、言二字』。

案玉海引此亦作『白虎講聚，述聖通經』。是也。

嚴尤三將，

黄校云：『尤，元作允，朱改』。

孫蜀丞云：『明抄本御覽尤作左』。

案玉海引允正作尤，允乃尤之誤。明抄本御覽作左，左亦尤之誤。左，俗書作㞤，與尤形近，往往相亂。

仲宣之去代，

孫蜀丞云：『明抄本御覽代作伐』。

案玉海引代亦作伐，有注云：『隋志王粲去伐論集三卷』。

並師心獨見，

案莊子人間世篇：『夫胡可以及化，猶師心者也』。呂氏春秋制樂篇：『聖人所獨見，衆人焉知其極』。

陸機辨亡，

黄校云：『亡，元作正，謝改』。

案玉海引正正作亡。

次及宋岱、郭象，

黄校云：『岱，元作代。象，元作蒙。朱據舊本改』。

案玉海引代正作岱，蒙正作象。

詔策第十九

淵嘿黼扆，而響盈四表。

案莊子在宥篇：『淵默而雷聲』。天運篇：『雷聲而淵默』。嘿與默同。

故兩漢詔誥，

鈴木虎雄校勘記云：『御覽誥作令』。

案玉海六四引誥亦作令。

洋洋盈耳。

案論語泰伯篇：『洋洋乎盈耳哉』！

足稱母師也。

案御覽五九三引也作矣。

兆民尹好。

案尹疑伊之壞字，伊猶是也。

檄移第二十

齊桓征楚，詰苞茅之闕。

黄校云：『汪本苞作菁』。

孫蜀丞云：『御覽苞作菁』。

案史記管仲列傳：『桓公實怒少姬南襲蔡，管仲因而伐楚，責包茅不入貢於周室』。瀧川資言考證云：『楓山、三條本包作菁』。與此作菁之本合。史記齊世家集解引賈逵曰：『包茅，菁茅』。包、苞古通。

或稱露布，播諸視聽也。

孫蜀丞云：『御覽作「露布者，蓋露板不封，布諸視聽也」』。

案容齋四筆十引作『露布者，蓋露板不封，布諸觀聽也』。今本『露布』下蓋脫『露布者，蓋露板不封』八字。

訂信慎之心。

孫蜀丞云：『御覽慎作順』。

案慎、順古通，莊子列禦冠篇：『順於兵，故行有求』。釋文本順作慎，列子楊朱篇：『慎耳目之觀聽』。釋文引一本慎作順。並其比。

與檄參伍，

案通變篇：『參伍因革』。荀子成相篇：『參伍明謹施賞刑』。韓非子揚權篇：『參伍比物』。

三驅弛剛，

紀昀云：『剛，疑作綱』。

案喻林八七引剛正作綱。

惟壓鯨鯢，

孫詒讓云：『「惟壓」，義不可通。惟，黄校元本、馮本、汪本、活字本並作摧，是也』。

案喻林引惟亦作摧。明嘉靖本作推，推乃摧之壞字。

章表第二十二

應物掣巧，

黄校云：『掣，一作制』。

孫蜀丞云：『御覽作制』。

案莊子知北遊篇：『其應物無方』。掣蓋製之誤，製、制古通。景宋本御覽五九四引此掣正作製。

執轡有餘，故能緩急應節矣。

案淮南子主術篇：『其猶造父之御，齊輯之于轡銜之際，而急緩之于脣吻之和』。列子湯問篇：『捧其手，則舞應節』。

原夫章表之爲用也，

黄校云：『之，元作文，謝改』。

案御覽、稗編七五引文並作之。

浮侈者情爲文使。

黄校云：『文，元作出』。

案稗編引出作事。

奏啓第二十三

王觀教學，

黄校云：『王，元作黄，從魏志改』。

孫蜀丞云：『御覽亦作黄』。

李詳黄注補正云：『太平御覽九百六引魏名臣奏有郎中黄觀上書云云，黄字不當輒改』。

案玉海六十引此亦作黄。

甄毅考課，

黄校云：『甄，元作甌，朱改』。

案玉海引甌正作甄。

各其志也。

孫蜀丞云：『御覽其作有』。

案其猶有也。（其、有同義，吳昌瑩經詞衍釋三、五有説）。

訴病爲切哉！

黄校云：『訴，元作詁，謝改』。

案御覽五九四引詁正作訴。禮記儒行：『常以儒相訴病』。

事舉人存，

案禮記中庸：『其人存，則其政舉』。

書記第二十五

志氣槃桓，

案御覽五九五引槃作盤，古字通用。莊子田子方篇：『解衣槃礴臝』。説文繫傳十二引槃作盤，即其比。後漢書蔡邕傳：『槃旋乎周、孔之庭宇』。『槃桓』猶『槃旋』也。

言以散鬱陶，

案稗編七五引此無言字。

五音以正。

黄校云：元本下多『音以正』三字。

案喻林一百一引此下無『音以正』三字，元本誤疊，黄本删之，是也。

管仲下命如流水，使民從也。

黄校云：『命，一作令』。又注云：『管子（牧民篇）：下令如流水之原者，令順民心也』。

案命，一作令，與管子合，義同。如，管子作於，義同。史記管仲列傳亦云：『下令如流水之原，令順民心』。此文於之作如，或本史記。

而奇正有象。

案孫子勢篇：『奇正相生』。（又見史記田單列傳贊）。

關閉當審。

黄校云：『當，一作由』。

案喻林引當作宜，義同。作由，義不可通，蓋涉上文『出入由門』而誤。

神思第二十六

馴致以懌辭。

黄校云：『懌，一作繹』。

案明嘉靖本懌作繹，稗編七五、喻林八八引並同。懌亦借爲繹。

張衡研京以十年，左思練都以一紀。

案記纂淵海四二引作『張衡兩京十年，左思三都一紀』。

雖有巨文，

案有猶爲也。下文『雖有短篇』，有亦爲也。

淮南崇朝而賦騷，

案天中記三七引賦作注，疑臆改。

然則博見爲饋貧之糧。

黄校云：『見，一作聞』。

案明嘉靖本見作聞，稗編、喻林八九引並同。

雖云未費。

案喻林八八引作『雖未足貴』。

體性第二十七

故辭理庸儁，

案故猶夫也。

風趣剛柔，寧或改其氣。

案『風趣』猶『風格』，風格之剛柔，由人之氣質而定。

方軌儒門者也。

案『方軌』猶『併駕』。戰國策齊策：『車不得方軌』。(又見史記淮陰侯列傳)。

高論宏裁，

案莊子刻意篇：『高論怨誹』。

子政簡易，故趣昭而事博。

案博與『簡易』相反，義頗難通。博，疑本作傅，傅與附同，謂切附也。『事傅』猶言『事切』耳。

言壯而情駭。

案駭謂激動。漢書楊雄傳上：『回猋肆其碭駭兮』。師古注：『駭，動也』。

才有天資，

案有猶由也，班彪王命論：『是故窮達有命，吉凶由人』。有、由互文，有與由同義。鍾嶸詩品序：『觀古今勝語，多非補假，皆有直尋』。陳學士吟窗雜錄本有作由，正有、由同義之證。（此義前人未發）。

辭爲膚根，志實骨髓。

案『膚根』疑當作『膚飢』，於義乃合。附會篇：『事義爲骨髓，辭采爲飢膚』。可爲旁證。今本飢作根，涉上文『沿根』字而誤。（或本改『膚根』爲『膚葉』，無據）。

風骨第二十八

結言端直，則文骨成焉；意氣駿爽，則文風淸焉。

黄校云：『淸，一作生』。

案作生義長，莊子人間世篇：『天下有道，聖人成焉；天下無道，聖人生焉』。亦以成、生對言，與此同例。

夫翬翟備色，而翾翥百步。

孫蜀丞云：『御覽五八五翾作翔』。

案明嘉靖本無而字，下文『而翰飛戾天』，亦無而字。喩林八八引並同。景宋本御覽五八五引翾作翱。記纂淵海五九、七五、天中記三七引翾並作翔。莊子養生主篇：『澤雉十步一啄，百步一飮』。

鷹隼乏采，

孫蜀丞云：『御覽乏作無』。

案記纂淵海、天中記引乏亦並作無。

唯藻耀而高翔，固文筆之鳴鳳也。

孫蜀丞云：御覽唯作若，筆作章。

案記纂淵海引唯亦作若，筆亦作章。若、唯本同義，此作若，疑涉上下文若字而誤。

若夫鎔鑄經典之範。

黄校云：『鑄，一作治』。

案明嘉靖本鑄作冶，喻林引同。

然後能孚甲新意，

黄校云：『孚，汪作莩』。

案喻林引孚亦作莩。

弗惟好異。

案惟猶在也。物色篇：『吟詠所發，志惟深遠；體物爲妙，功在密附』。惟、在互文，惟與在同義。

通變第二十九

則文於唐時。

鈴木云：『玉海引删則字』。

案古詩紀別集一引此亦無則字。

摧而論之，

鈴木云：『摧，黄氏原本及諸本作確』。

案古詩紀引此亦作確，確乃摧之誤。摧猶較也，謂大較也。

變則其久，

黄校云：『其，疑作可』。

案其，疑本作能，涉上『日新其業』而誤也。

定勢第三十

色糅而犬馬殊形，情交而雅俗異勢。

劉永濟云：『「情交」各本皆如此。以文義求之，交乃駮之殘字。「情駮」與上句「色糅」爲類，作交無義』。

案『情交』與『色糅』自爲類，無煩改字。交與殽聲義並近，說文：『殽，相雜錯也』。交亦雜也，莊子刻意篇：『不與物交，淡之至也』。淮南子原道篇交作殽，(今本殽誤散，王念孫雜志有說)。文子道原篇、自然篇並作雜。明交、殽並有雜義。糅亦雜也，儀禮鄉射禮：『無物，則以白羽與朱羽糅』。鄭玄注：『糅，雜也』。淮南子精神篇：『審乎無瑕，而不與物糅』。高誘注：『能審順之，故不與物相雜糅也』。並其證。

是楚人鬻矛譽楯，兩難得而俱售也。

案明嘉靖本楯作盾，喻林八九引同。盾、楯正、假字。哀二年穀梁傳疏引莊子云：『楚人有賣矛與楯者，見人來買矛，即謂之曰：「此矛無何不徹」。見人來買楯，則又謂之曰：「此楯無何能徹者」。買人曰：「還將爾矛刺爾楯，若何」』？

賦頌歌詩，

案記纂淵海七五引賦作贊。

則師範於覈要。

孫蜀丞云：『御覽五八五師作軌』。

案記纂淵海引師亦作軌。

則從事於巧豔。

案記纂淵海引巧作工，工猶巧也。淮南子覽冥篇：『世皆以爲巧』。御覽八九六引巧作工，即其比。

此循禮而成勢，隨變而立功者也。

馮舒校云：『「循禮」御覽引作「脩本」』。

案記纂淵海引循亦作脩。脩乃循之誤，（循、脩隸書形近，往往相亂）。循、隨互文，循亦隨也。淮南子原道篇：『循天者，與道游者也。（高誘注：『循，隨也』）。隨人者，與俗交者也』。循、隨互文，與此同例。

情采第三十一

其爲彪炳，縟采名矣。

案名猶明也，釋名釋言語：『名，明也』。

研味李、老，

紀昀云：『李，當作孝』。

案明嘉靖本李作孝。

辭人賦頌，爲文而造情。

案『辭人』，謂宋玉以下辭賦諸子，宋玉以上則不然也。晉摯虞文章流別論：『前世爲賦者，有孫卿、屈原，尚頗有古詩之義。至宋玉，則多淫浮之病矣。……古詩之賦，以情義爲主，以事類爲佐』。

鬻聲釣世。

案『鬻聲』猶『賣名』，莊子天地篇：『獨絃哀歌以賣名聲於天下者乎』！管子法法篇：『釣名之人，無賢士焉』。

志深軒冕，

案莊子繕性篇：『古之所謂得志者，非軒冕之謂也，謂無以益其樂而已』。

將欲明經，

黃校云：『汪本經作理』。

案古詩紀別集一、稗編七三、喻林八八引經並作理。經猶理也，呂氏春秋察傳篇：『是非之經，不可不分』。淮南子原道篇：『是故不得於心，而有經天下之氣』。高誘注並云：『經，理也』。

心術既形，

案管子有心術上、下篇。

鎔裁第三十二

職在鎔裁。

案職猶但也。

一（原誤二）意兩出，義之駢枝也。

案劉琨重贈盧諶詩：『宣尼悲獲麟，西狩泣孔丘』。所謂『一意兩出』也。

同辭重句，文之肬贅也。

案張華雜詩：『遊鴈比翼翔，歸鴻知接翮』。此『同辭重句』也。

張俊以爲，

黃校云：『俊，當作駿』。

案晉書六十八作張駿，俊、駿古通，無煩改字。

若情周而不繁，辭運而不濫，

案周、運互文，運亦周也。周髀算經：『凡日月運行四極之道』。趙嬰注：『運，周也』。

聲律第三十三

夫音律所始，本於人聲者也。

案呂氏春秋音初篇：『凡音者，產乎人心者也。感於心，則蕩乎音』。

聲非學器者也。

黃校云：『學，當作效』。

案學猶效也，無煩改字。廣雅釋詁三：『學，效也』。

故言語者，文章，神明樞機。

案『文章』下疑脫『管籥』二字。

今操琴不調，必知改張。

案張，疑本作絃，涉下『乖張』字而誤。莊子徐无鬼篇：『夫或改調一弦，於五音無當也』。(又見淮南子覽冥篇。弦、絃古、今字)。

良由內聽難爲聽也。

黃校云：『內，元作外，王改』。又云：『由字下，王本有「外聽易爲□而」六字』。

案喻林八九引此作『良由外聽易爲察，內聽難爲聽也』。是也。下文『故外聽之易，絃以手定；內聽之難，聲與心紛』。緊承此言之。

凡聲有飛沈，

案凡猶夫也，莊子外物篇：『凡道不欲壅』。人間世篇：『夫道不欲雜』。凡與夫同義。史記周本紀：『凡我周之東遷，晉、鄭焉依』。凡亦夫也。(此義前人未發)。

響有雙疊。

黃校云：『「雙疊」二字脫。楊云：「有字下諸本皆遺『翕散』二字」。謝云：「據下文當作『雙疊』二字」』。

案玉海四五引此作『響有雙疊』。謝說是也。

吟詠滋味流於字句，氣力窮於和韻。

黄校云：字，元作下，商孟和改。

案『滋味』上不當有『吟詠』二字，涉上文『寄在吟詠』而誤疊。『滋味流於字句，氣力窮於和韻』。相對爲文。

若夫宮商大和，

案莊子齊物論篇：『飄風則大和』。

陸機、左思，瑟柱之和也。

案鍾嶸詩品上評陸機詩：『尚規矩』。評左思詩：『野於陸機』。此以陸、左並稱，頗覺不倫。不如易爲『陸機、顏延』，詩品中評顏延之詩：『其源出於陸機。……一字一句，皆致意焉』。二人之詩，正似『瑟柱之和也』。

文賦亦稱『知楚不易』。

案今本文賦有『亮功多而累寡，故取足而不易』。二句，與彥和所引不符。或記憶偶失；或今本文賦有脫文。

勢若轉圜，

鈴木云：『玉海圜作圓，嘉靖本亦同』。

案古詩紀別集二、喻林八八引圜亦並作圓，圜猶圓也。

識疎濶略，

黄校云：『「識疎」汪本作「疎識」』。

案古詩紀、喻林引此亦並作『疎識』。『疎識』與『濶略』對言。

若長風之過籟，

案景宋本淮南子齊俗篇：『若風之過簫也』。（又見文子自然篇）。許愼註：『簫，籟也』。卽此文所本。宋玉高唐賦：『長風至而波起兮』。

南郭之吹竽耳。

黄校云：『南，元作東，葉循父改』。

黄侃云：『南，原作東。孫云：「新論審名篇：『東郭吹竽而不知音』。是古書南郭自有作東郭者，不必定依韓子（韓非子外儲說上七術篇）』。

案古詩紀、喻林引此並作東郭，與原本同。蓋韓非子舊本『南郭處士』或有作東郭者。唐羅隱兩同書眞僞篇：『北郭吹竽，濫食齊祿』。其作北郭，又異。

麗辭第三十五

如宋畫吳冶，

黃校云：『畫，元作盡。冶，元作治。朱改』。

案明嘉靖本作『宋畫吳冶』，與朱改合。古詩紀別集一引畫字亦不誤。

剖毫析釐，

黃校云：『剖，一作劄』。

案明嘉靖本剖作劄，古詩紀引同。剖、劄義近，（莊子胠篋篇：『比干剖』，釋文：『剖，謂劄心也』。即其證）。書僞泰誓下：『剖賢人之心』。阮元校勘記云：『古本剖作劄』。與此同例。

劉琨詩言，

黃校云：『言，元在詩字上』。

案古詩紀引言字亦在詩字上，黃本乙正，是也。明嘉靖本正作『詩言』。

是夔之一足，趻踔而行也。

案明嘉靖本趻作踸，趻與踸同。天中記三七、古詩紀、喻林八九引此亦並作踸。莊子秋水篇：『夔謂蚿曰：吾以一足趻踔而行』。道藏成玄英疏本、古逸叢書覆宋本趻並作踸，與此同例。

理自見也。

黄校云：『自，汪本作斯』。

案古詩紀引自亦作斯。斯猶自也，章表篇：『事斯見矣』。斯亦與自同義。(此義前人未發)。

比興第三十六

黄校云：『記，一作託』。

案古詩紀別集一引記字同，記乃託之誤。明嘉靖本作寄，寄、託同義。

興則環譬以記諷。

紀昀云：『從字疑誤』。

黄侃云：『從，當爲疑字之誤』。

案從讀爲縱，說文：『縱，一曰舍也』。『無從』猶言『無舍』，似無煩改字。

無從於夷禽。

黄校云：『「席卷」汪本作「卷席」』。

案古詩紀引此亦作『卷席』，是也。『卷席』與『澣衣』對言。

澣衣以擬心憂，席卷以方志固。

案明嘉靖本畜作愛，古詩紀引同。

如慈父之畜子也。

季鷹雜詩云，

案古詩紀引雜作春。

若刻鵠類鶩，

黃校云：『鵠，元作鶴，謝改』。

案古詩紀、喻林八九引此鵠並作鶴。鶴、鵠古多混用，莊子駢拇篇：『鶴脛雖長，短之則悲』。北堂書鈔九九引鶴作鵠，天運篇：『夫鵠不日浴而白』。唐寫本鵠作鶴，並其比。

事類第三十八

案韓非子顯學篇：『夫知禍盤石象人，而不知禍商官儒俠爲不不墾之地、不使之民，不知事類者也。』越絕書越絕篇敍外傳記：『因事類以曉後世』。摯虞文章流別論：『古詩之賦，以情義爲主，以事類爲輔』。

此萬分之一會也。

案戰國策韓策三：『萬分之一也』。史記張釋之列傳：『有如萬分之一』。

載籍浩瀚。

案明嘉靖本瀚作汗，瀚與汗同，喻林八九引此亦作汗。

必列膏腴。

黄校云：『列，汪作裂』。

案喻林引列亦作裂，古通。

陳思，羣才之英也。

案指瑕篇：『陳思之文，羣才之俊也』。

練字第三十九

先王聲教，書必同文。

案管子君臣上篇：『書同名，車同軌，……此先王之所以一民心也』。名猶文也，亦即字也。

乃李斯删籀而秦篆興。

案乃猶『於是』也。

且多賦京苑。

案『京苑』疑本作『宫苑』，此就前漢言之，前漢辭賦家如司馬相如、揚雄之徒，多賦宫、賦苑，無賦京者。

複文隱訓，

案複、隱同義，原道篇：『符采複隱』，總術篇：『奥者複隱』，並同例。『複文』謂字體不明；『隱訓』

謂訓釋不明。

後世所同曉者，雖難斯易；時所共廢，雖易斯難。

案兩斯字並與實同義。

是以綴字屬篇，必須練擇。

案『練擇』複語，練借爲柬，爾雅釋詁：『柬，擇也』。字亦作揀，廣雅釋詁：『揀，擇也』。

子思弟子，『於穆不祀』者，音訛之異也。

孫詒讓云：『祀，當作似』。

案玉海四五引祀正作似，似下無者字。

晉之史記，三豕渡河。

案風俗通義正失篇：『晉師已亥渡河，有「三豕」之文」』。劉子審名篇：『三豕渡河，云彘行水上』。渡字並與此同。

尚書大傳有：『別風淮雨。』帝王世紀云：『列風淫雨。』

案有、云互文，有猶云也。廣雅釋詁一：『云，有也』。文選陸士衡荅賈長淵詩：『公之云感，詒此音翰』。李善注引應劭漢書注曰：『云，有也』。並有、云同義之證。

隱秀第四十

義主文外。

黄校云：『主，汪作生』。

紀昀云：『生字是』。

案古詩紀别集四、喻林八八引主亦並作生。

『常恐秋節至，涼飈奪炎熱。』意悽而詞婉，此匹婦之無聊也。

案鍾嶸詩品上評漢婕妤班姬詩：『團扇短章，辭旨清捷，怨深文綺，得匹婦之致』。

朔風動秋草，

鈴木云：『朔，王本同。嘉靖本朔作涼』。

案古詩紀引朔字亦同。詩品中評晉著作王讚詩：『正長朔風之後』。卽指此。

非研慮之所求也。

黄校云：『求，元作果，謝改』。

劉永濟云：『果疑得之誤，得或作㝵，因誤成果也』。

案謝改果爲求，是也。求，隸書作求，與果形近，因致誤耳。

指瑕第四十一

其固匪難。

案金樓子立言下篇匪作非，義同。

永蟄頗疑於昆蟲。

案事文類聚別集五引疑作擬，古通。

施之尊極，豈其當乎！

案事文類聚引之作於，義同。又引「豈其當乎」！作「不其𡸁乎」！

疋兩稱目，

黄校云：「疋，元脫，楊補」。

案明嘉靖本疋字未脫。

養氣第四十二

心絕於道華。

案老子三十八章：「前識者，道之華」。莊子知北遊篇：「禮者，道之華」。

於是精氣內銷，

案記纂淵海五二引作『於是膚氣內消』。膚疑慮之誤，銷、消古通。

故有錐股自厲，

案御覽三七二引史記：『蘇秦握錐自厲』。

水停以鑒，

案莊子德充符篇：『平者，水停之盛也』。

附會第四十三

事義爲骨髓。

鈴木云：『御覽髓作鯁』。

案影宋本御覽(五八五)引髓作骾，骾、鯁正、俗字。

夫文變多方，

黃校云：『多，汪作無』。

案御覽引多亦作無。

或尺接以寸附，

黄校云：『尺，一作片』。

案明嘉靖本尺作片，御覽引作尺，片蓋尺之形誤。

然後節文自會，

黄校云：『「節文」一作「文節」』。

案明嘉靖本『節文』作『文節』。喻林八九引同。御覽引作『節文』。

昔張湯擬奏而再卻，

鈴木云：『嘉靖本、梅本、岡本擬作疑』。

案御覽引擬亦作疑，疑、擬古通。（説已見前）。

寄深寫遠。

案明嘉靖本作『寄在寫以遠送』。文不成義。喻林八八引作『寄在寫遠』。疑是。

總術第四十四

知夫調鐘未易，

案呂氏春秋長見篇：『晉平公鑄爲大鐘，使工聽之，皆以爲調矣。師曠曰：「不調，請更鑄之」。平公曰：「工皆以爲調矣」。師曠曰：「後世有知音者，將知鐘之不調也。臣竊爲君恥之」！至於師涓，而果知鐘之不調也』。（又見淮南子脩務篇）。

動、用、揮、扇，何必窮初終之韻。

案此承上文『張琴實難』而言。『動、用、揮、扇』，四字疊義。（古書四字疊義之例甚多，詳拙著史記伯夷列傳斠證『此其尤大彰、明、較、著者也』條）。易繫辭下：『變動不居』。虞注：『動，行也』。方言六：『用，行也』。動、用並可訓行，則用亦猶動矣。廣雅釋詁一：『揮，動也』。集韻：『扇，一曰動也』。用、揮、扇並有動義，故與動字疊用。上文言『張琴實難』，則動、用、揮、扇琴之時，不必窮初終之韻也。

棄術任心，

黃校云：『棄，元作築』。

鈴木云：『嘉靖本棄作無』。

案稗編七五、喻林八九引棄並作無。

乃多少之並惑，

黃校云：『並，元作非，許改』。

案明嘉靖本並作非，稗編、喻林引同。非蓋幷之誤，韓非子二柄篇『故劫殺擁蔽之主，非失刑德，而使臣用之』。非亦幷之誤，與此同例。

則義味騰躍而生。

案莊子逍遙遊篇：『我騰躍而上』。

經牽忌長，以萬分一累，且廢千里。

黄校云：『纆，元作纆，許改』。

案明嘉靖本作纆，不誤。張華勵志詩：『纆牽之長，實累千里』。

時序第四十五

有虞繼作，政阜民暇。薰風詩於元后，

案古詩紀別集一引暇作安，薰作南。

而波震於下者，

案喻林九十引此無者字。

而文章之選，存而不論。

案莊子齊物論篇：『六合之外，聖人存而不論』。

公幹徇質於海隅。

案『徇質』疑本作『徇身』，涉上文『委質』字而誤。

應、傅、三張之徒。

黄校云：徒，元作從。

案明嘉靖本作徒，古詩紀、喻林八九引並同。從乃徒之形誤。

函滿元席。

黄校云：『函，何本改亟』。

案明嘉靖本作『函滿玄席』。古詩紀引同。函、亟正、俗字。何改作亟，非也。元，亦當從舊本作玄。

澹思濃采，

案明嘉靖本濃作醲，古詩紀引同。醲、濃古通。

江左稱盛。

案古詩紀引稱作彌，疑是。

英采雲構。

案明嘉靖本搆作構，古詩紀引同。構、搆正、俗字。

物色第四十六

參差、沃若，兩字窮彩。

案明嘉靖本窮作連，古詩紀別集一、喻林八九引並同。是也。作窮，蓋涉上文『一言窮理』而誤。

於是嵯峨之類聚，

案喻林引於作如，義同。

自近代以來，文貴形似。

案宋胡仔苕溪漁隱叢話前集八：『詩眼云：「形似之意，蓋出於詩人之賦，『蕭蕭馬鳴，悠悠旆旌』。是也。古人形似之語，如鏡取形，燈取影也」』。鍾嶸詩品上評謝靈運詩、詩品中評顏延之詩及鮑照詩，並云：『尚巧似』。似即『形似』也。

故能瞻言而見貌，印字而知時也。

黄校云：『印，疑作卽』。

案印，疑本作卬。卬，古仰字。瞻與仰義正相應。作印，卬、印形近，又涉上文『印之印泥』而誤也。

才略第四十七

馬融鴻儒，思洽識高。

黄校云：『識，一作登』。

案明嘉靖本識作登，疑是。漢書藝文志：『傳曰，登高能賦，可以爲大夫』。（今詩鄘風定之方中毛傳登作升，義同）。此云『思洽登高』，謂馬融能賦也。作識，蓋後人不得其義而妄改；或涉下文

『博識有功』而誤。

未爲篤論也。

案漢書董仲舒傳：『至向曾孫龔，篤論君子也』。

辭自和暢。

黄校云：『自，疑作旨』。

案黄校是也。旨，俗書作旨，與自形近，又涉下文『自外』字而誤。

故思能入巧，而不制繁。

案故猶雖也。(故、雖同義，裴學海古書虚字集釋卷五有説)。

並楨幹之實才，

黄校云：『楨，汪作杶』。

案古詩紀別集四引楨亦作杶。書禹貢：『杶榦栝柏』，幹，俗榦字。則『杶幹』連文，亦有所本。

殷仲文之孤興，

黄校云：『孤，疑作秋』。

案明嘉靖本孤字同，古詩紀引此亦作孤。

然而魏時話言，必以元封爲稱首；宋來美談，亦以建安爲口實。

案詩大雅抑：『告之話言』。傳：『話言，古之善言也』。左文六年傳：『著之話言』。杜注：『話，善也。作爲善言遺戒』。『話言』，猶『善言』，故與『美談』對文。

知音第四十八

逢其知音，千載其一乎？

案邯鄲淳荅贈詩：『聖主受命，千載一遇』。袁彦伯三國名臣贊：『詵詵衆賢，千載一遇』。

夫古來知音，多賤同而思古。

案淮南子脩務篇：『世俗之人，多尊古而賤今』。抱朴子尚博篇：『世俗率神貴古昔，而黷賤同時』。

宋客以燕礫爲寶珠。

案景宋本白帖一引荀子：『宋之愚人，得燕石於梧桐臺之東（桐字疑衍），歸而藏之，以爲寶。周客聞而觀焉。主人齋七日，端冕玄服以發寶，革匱千重，緹巾十襲。客見之，掩口而笑，曰：「此燕石也，與瓦甓不殊」』！（又見御覽四九九、事文類聚前集十四）。

其事浮淺，亦可知矣。

案事猶於也，『其於浮淺亦可知』，意謂揚雄決不好浮淺之文也。

程器第四十九

垣墉立而雕杇附。

案喻林八八引杇作圬，同。

混之一貫。

案之猶爲也，莊子德充符篇：『以可不可爲一貫』。此文之之，彼文之爲，其義一也。(論衡氣壽篇：『何以知不滿百爲夭者，百歲之壽也』。劉子隨時篇：『非橡、綆之貴，而珠、玉之賤』。之亦並與爲同義)。

仲宣輕脆以躁競。

案廣雅釋詁一：『脆，弱也』。『輕脆』猶『輕弱』也。魏文帝與吳質書：『仲宣獨自善於辭賦，惜其體弱，不足起其文』。三國志魏志王粲傳：『(劉)表以粲貌寢而體弱通侻，不甚重也』。兩弱字並與此脆字同義。

孫楚狠愎而訟府。

黄校云：『狠，汪作佷』。

案『狠愎』字正作很，佷、狠並俗。

諸有此類，

案有猶如也。（有、如同義，吳昌瑩經詞衍釋三有說）。

散采以彪外。

黄校云：『采，元作悉，龔仲和改』。

案喻林八七引悉正作采。

負重必在任棟梁。

黄校云：『負，元作賢，龔改』。

案明嘉靖本作負，喻林引同。

窮則獨善以垂文，達則奉時以騁績。

案孟子盡心篇：『窮則獨善其身，達則兼善天下』。

序志第五十

心哉美矣，故用之焉。

黄校云：『一本故上有夫子。焉，元脫，按廣文選補』。

案明馮琦經濟類編五四引作『心哉美矣，夫故用之焉』。梁書劉勰傳同。『夫故』複語，夫猶故也。莊子應帝王篇：『而以道與世亢，必信，夫故使人得而相汝』。（又見列子黃帝篇）。論衡死僞篇：

『先君必欲一見羣臣百姓也，夫故使欒水見於是也』。亦並以『夫故』連文，與此同例。黄本無夫字，非也。明嘉靖本作『心哉美矣，夫故用之』。脫焉子。

夫有肖貌天地，

黄校云：『有，衍』。

案天中記三七、經濟類編、喻林八六引此並無有子，梁書同。有蓋肖字之誤而衍者。

形同草木之脆，

案天中記、經濟類編、喻林引同並作甚，梁書同。

則嘗夜夢執丹漆之禮器，

案梁書、南史劉勰傳並無則字，蓋涉上文『則攀而採之』而衍。

旦而寤，迺怡然而喜。

案御覽六百一引梁書、南史並作『寢而喜曰』。

自生人以來，

案御覽引梁書人作靈，以作已，已、以同義。南史人亦作靈。

實經典枝條，五禮資之以成，六典因之致用。

案御覽引梁書作『實經典之條枝，五禮資之以成文，六典因之以致用』。

於是搦筆和墨，

案御覽引梁書『於是』作『由是』

至於魏文述典，

黃校云：『於，一作如』。

案經濟類編引於作如，梁書同。如猶於也。（前已有說）。

流別精而少巧。

黃校云：『巧，梁書作功』。

紀昀云：『功字是』。

案經濟類編引巧作功。

於是割情析采，

黃校云：『采，一作表』。

案經濟類編引采作表，采字是。

怊悵於知音，

黃校云：『「怊悵」元作「怡暢」，王性凝改』。

案經濟類編引此正作『怊悵』，梁書同。

雖復輕采毛髮。

黄校云:『復，一作或』。

案經濟類編引復作或。

亦不勝數矣。

案明嘉靖本不下有可字。

及其品列成文，

黄校云:『列，一作許』。

案經濟類編引列作許，梁書同。許乃評之誤。

環絡藻繪之府。

案經濟類編、喻林八九引環上並有而字，梁書同。

何能矩矱!

黄校云:『「矩矱」，元脱，許補』。

案經濟類編引此正作『何能矩矱』!梁書同。明嘉靖本作『何能規短』!短蓋矩之誤。

茫茫往代，既沈予聞。

黄校云:沈，一作洗。

紀昀云：『洗字是』。

案經濟類編引沈作洗，梁書同。洗蓋沈之誤；或淺人所改。沈猶溺也。此彥和自謙之辭。戰國策趙策：『學者沈於所聞』。商君書更法篇、史記商君傳、新序善謀篇並云：『學者溺於所聞』。沈、溺同義，此其驗矣。

眇眇來世，倘塵彼觀也！

案倘猶或也，塵猶汙也。此亦彥和謙辭。程器篇：『濬仲不塵乎竹林者，名崇而譏減也』。塵亦汙也，與此同例。

一九六九年九月一日於馬來亞斑苔谷慕廬。

顔氏家訓斠注

顏氏家訓斠注

顏氏家訓一書，內容博贍，論斷精覈，凡治樸學、文學，皆可引爲規範。清趙曦明顏氏家訓注，雖易明者必備；盧文弨補注，更爲之加詳（見盧氏序）；二氏啓廸於後人者甚多。近儒治是書者，訓釋考訂，續有增益，周君法高窮數年之力，博采衆說，參以己見，而成顏氏家訓彙注（中研院歷史語言研究所專刊之四十一）。雖於體例、識解，不無疵病；然其網羅繁富，洪纖必舉，亦顏氏之功臣也。岷於暇日，披覽是書，時作小記，區區所見，復頗有溢出周書者。因據清鮑氏知不足齋叢書重雕述古堂影宋本，寫斠注一卷，（其有避清諱字，皆改還宋本之舊。）將以質諸同好云。

序致第一

案明萬曆顏嗣愼刊本、程榮漢魏叢書重刊萬曆顏志邦本、清王謨漢魏叢書覆刊顏志邦本、百子全書本（後稱顏本、程本、王本、百子本）第上皆有篇字，後同。

夫同言而信，信其所親；同命而行，行其所服。

案御覽四三〇引子思子：「同言而信，信在言前；同令而化，化在令外」。文子精誠篇：「故同言而信，信在言前也；同令而行，誠在令外也」。劉子履信篇：「同言而信，信在言前；同教而行，誠在言外」。

則師友之誡，不如傅婢之指揮。

案史記淮陰侯列傳：「雖有舜、禹之智，吟而不言，不如瘖聾之指麾也」。

規行矩步。

案莊子田子方篇：「進退一成規，一成矩」。韓詩外傳一：「行步中規，折旋中矩。」(又見説苑辨物篇)。

家塗離散。

案王本、百子本塗並作徒。

習若自然。

盧文弨云：「大戴禮保傅篇：少成若天性，習貫如自然」。

案賈誼新書保傅篇：「孔子曰：少成若天性，習貫如自然」。(一本貫作慣，古通；又見漢書賈誼傳)。大戴禮保傅篇「習貫如自然」，作「習貫之爲常」。盧氏失檢。

二十已後，

案顔本、程本、王本、百子本已並作以，同。

性與情競。

案劉子防慾篇：「性貞則情銷，情熾則性滅」。

夜覺曉非，今悔昨失。

案莊子則陽篇：「未嘗不始於是之，而卒詘之以非也」。寓言篇：「始時所是，卒而非之」。陶潛歸去來辭：「覺今是而昨非」。

追思平昔之指，銘肌鏤骨。

盧文弨云：「鏤，盧候切。猶言刻骨」。

案曹植上責躬詩表：「刻肌刻骨，追思罪戾」。

以爲汝曹後車尒。

車下舊注：「一本作範」。

案顏本、程本、王本、百子本車並作範。新書傅保篇：「前車覆，而後車戒」。大戴禮保傅篇：「前車覆，後車誡」。

教子第二

上智不教而成，下愚雖教無益。中庸之人，不教不知也。

案論語陽貨篇:「唯上知與下愚不移」。王符潛夫論德化篇:「上智與下愚之民少,而中庸之民多。中民之生世也,猶鑠金之在鑪也。從篤變化,惟冶所爲;方圓薄厚,隨鎔制爾」。荀悦申鑒雜言下篇:「上、下不移,其中則人事存焉爾」。

子生咳𠻳,

舊注:「一本作『孩提』」。

案事文類聚後集六引此正作「孩提」。

師保固明仁孝禮義,導習之矣。

案事文類聚引「仁孝禮義」同。王謨本、百子本並作「仁智禮義」。新書保傅篇:「昔者周成王幼,在襁褓之中,召公爲太保,周公爲太傅,太公爲太師,保,保其身體,傅,傅之德義。師,道之教訓。此三公之職也。於是爲置三少,皆上大夫也。曰少保、少傅、少師。是與太子燕居者也。故孩提有識,三公三少,固明孝仁禮義以道習之」。(又大戴禮保傅篇)。

當及嬰稚,

案顏本、程本、王本、百子本及並作撫。事文類聚引稚作孩。

謂法當尒。

案事文類聚引尒作行。

孔子云:「少成若天性,習慣如自然。」

案見新書保傅篇（已詳序致篇）。

狎則怠慢生焉。

案記纂淵海三九引慢作忽。

人之愛子，罕亦能均。

案「罕亦」乃「亦罕」之誤倒，事文類聚引此正作「亦罕能均」。

有偏寵者，雖欲以厚之，更所以禍之。

案淮南子人閒篇：「事，或欲以利之，適足以害之」。（又見文子微明篇）。

可謂靈龜明鑒也。

案顏本、程本、汪本、百子本謂並作爲，古通。記纂淵海六一、事文類聚引此，亦並作爲。

兄弟第三

盡此三而已矣。

案汪本、百子本並無盡字，有盡字是。

兄弟者，分形連氣之人也。

案呂氏春秋精通篇：「子之於父母也，一體而分形，（今本「分形」誤「兩分」），同氣而異息」。

雖有悖亂之行，

案王本、百子本行並作人，下同。

地親則易弭。

案王本「地親」同。百子本作「他親」，喻林七九引同。地、他形近，又涉上文「他人」字而誤耳。

何怨愛弟不及愛子乎？

案王本、百子本怨並作爲，非。

後娶第四

以賢父御孝子，

案顏本、程本、王本、百子本皆脫以字。事文類聚後集五引此有以字，與此本合。

江左不諱庶孽，

案王本、百子本左並誤右。

汝南薛包孟嘗，

案王本、百子本包下並有字字。御覽四一四引汝南先賢傳包作苞，下亦有字字。

旦入而洒掃，

案掃字顏本、程本、王本、百子本皆同。（汝南先賢傳亦同）。盧文弨本作埽，蓋據後漢書劉平等傳總序改。埽、掃正、俗字。

奴婢取其老者，

案顏本、程本、王本、百子本取皆作引，風俗通義過譽篇同。

若不能使也。

盧文弨云：「若，汝也」。

案風俗通若作汝。

器物取其朽敗者，

周法高云：「後漢書此句無其字」。

案汝南先賢傳亦無其字。惟據上文「奴婢取其老者」。「田廬取其荒頓者」。則有其字，文乃一律。

風俗通亦有其字。

還復賑給。

盧文弨云：「還，范書作輒」。

案風俗通亦作輒。汝南先賢傳作續。

治家第五

樵蘇脂燭，

案黄氏日鈔五八引六韜、史記淮陰侯列傳並云：「樵蘇後爨」。

經霖雨絕糧。

案莊子大宗師：「子輿與子桑友，而霖雨十日。子輿曰：『子桑殆病矣！』裹飯而往食之」。此亦因霖雨絕糧也。

誓滿千人。

案王本、百子本「千人」並作「一千」。

便無以兼。

案王本、百子本便並作更。

冬至後，

案天中記二八引後作日。

故汝嘗貧。

嘗下舊注：「一本作常字」。

案天中記引嘗作常。古多以嘗爲常。

河北人事，

舊注：「一本作士字」。

案事、士古通。說文：「士，事也」。論語述而篇：「富而可求也，雖執鞭之士，吾亦爲之」。桓寬鹽鐵論貧富篇引士作事，並其證。

然，天生蒸民，

案詩大雅烝民：「天生烝民」。烝、蒸古通，說苑君道篇：「天生烝民，而樹之君」。敦煌本、舊合字本劉子愛民篇烝作蒸（道藏本作烝），即其比。

先人遺體，

案王本、百子本遺並作傳。

借人典籍，皆須愛護，

案事文類聚別集三引「皆須」作「須加」。

分散部秩，

案王本、百子本秩並作帙，事文類聚引同。

風雨犬鼠之所毁傷。

犬下舊注：「一本作蟲」。

案程本、王本、百子本、犬字皆同。事文類聚引作蟲，作蟲是。

勿妖妄之費。

案事文類聚前集三八引勿下有爲字，是也。

風操第六

蓬生麻中，

案治要引曾子制言篇：「故蓬生麻中，不扶乃直」。(意林引乃作自)。褚少孫續史記三王世家：「傳曰：蓬生麻中，不扶自直」。

故聊記以傳示子孫。

案顏本、程本、王本、百子本記下並有錄字，文意較完。墨子兼愛下篇：「以其所獲書於竹帛，傳遺後世子孫」。(據文選楊德祖答臨淄侯牋注引)。

蓋知聞名，須有消息。

盧文弨本蓋作益，云：「益，各本皆作蓋，訛，今改正」。

案作蓋義亦可通。盧氏疑蓋爲益之誤則可；既無所證，而徑改本文，則失之率矣！

厲王名長，

案史記淮南列傳：「淮南厲王長者，高祖少子也」。

長卿名犬子。

趙曦明云：「史記司馬相如傳：蜀郡成都人也。字長卿。少時好讀書，學擊劍，故其親名之曰犬子」。

案又見漢書司馬相如傳。

古之所行，今之所笑也。

案淮南子氾論篇：「於古爲義，於今爲笑」。

吾親識中有諱襃、諱周、

案事文類聚後集三引此文同。顔本、程本、王本、百子本襃下並有「諱友」二字，周並作同。

交疏造次，一座百犯。

盧文弨云：「『交疏』當作『疏交』，故容有不審者。疏，如字讀；一云『交往書疏』，則當音『所去切』」。

案「交疏」，謂交情疏遠，疏亦如字讀，盧説泥矣。事文類聚引座作坐。坐、座正、俗字。

昔司馬長卿慕藺相如，故名相如。

趙曦明云：「見史記本傳」。

案又見漢書本傳。

亦鄙才也。

案王本、百子本才並作事。

況當之者乎?

案王本、百子本當並作名,涉上「指名」字而誤。

陳思王稱其父曰家父,母爲家母。

案曰、爲互文,爲猶曰也。顔本、程本、王本、百子本曰皆作爲,記纂淵海三九、天中記十七引並同。事文類聚後集二引爲作曰。

今南北風俗,

顔本、程本、王本、百子本今皆作及。嚴式誨補校注:「宋本及作今,當據改」。周法高云:「鮑氏知不足齋叢書重雕述古堂影宋本作及,未知嚴何所據而云然」。

案岷據重雕影宋本亦作今,事文類聚引同。作及,涉下文「及二親」而誤。

皆古之道也。

案王本、百子本並脱皆字。

江南人事不獲已,乃陳文墨,慞慞無自言者。

案王本、百子本並無人字、自字。

勿使煩重，

案王本、百子本使並作取，涉上「取了」字而誤。

北土風俗，

舊注：「一無『風俗』字。」

案顔本、程本、王本、百子本皆無「風俗」二字。

甚以惻愴！數行淚下。

案王本、百子本以並作心。以與已同，歎辭也。作心者誤。史記項羽本紀：「項王泣數行下」。（漢書作「泣下數行」）。

答曰，

案王本、百子本曰並作云。

字固因呼爲字。

案因卽固字之誤而衍者。

三曲而偯，

案顔本、程本、王本、百子本偯並作哀，下「哭不偯」，亦並作哀。偯，俗字。

禮以哭無言者爲號。

顔本、程本、王本、百子本無並作有。嚴式誨云:「宋本有作無,當據改」。周法高云:「鮑本及明本作有,不知嚴氏何所據而云然」。

案岷所據重雕影宋本亦作無,是也。作有,涉上下文有字而誤。

山東重喪。則唯呼蒼天;朞功以下,則唯呼痛深,便是號而不哭。

盧文弨云:「案此語,則上文『禮以哭有言爲號』,應作『無言』」。周法高云:「案呼蒼天及痛深,便是有言,補注說似非」。

案盧說與重雕影宋本合,是也。周君曲說,未審。

陰陽說云,

案事文類聚前集十二引「陰陽」下有家字。

寧當惜壽,又不哭也?亦不諭。

舊注:「一本無『亦不諭』三字」。

案王本、百子本諭並誤論。事文類聚引此無「亦不諭」三字,與一本合。

死有歸殺。

案王本、百子本殺並作煞。

戶外列灰。

案王本、百子本列並作烈。

貶瘦枯槁，

案楚辭漁父：「形容枯槁」。莊子刻意篇：「枯槁、赴淵者之所好也」。

裹終身布衣蔬飯，雖菫菜有切割，皆不忍食。

案大戴禮曾子制言中篇：「布衣不完，蔬食不飽」。記纂淵海五二引此文蔬作疏，疏、蔬正、俗字。「疏飯」卽「麤飯」，禮記喪大記：「士疏食水飲」。孔疏：「疏，麤也。食，飯也」。記纂淵海引菫作葵，恐非。

母以燒死，

案記纂淵海引作「爲母燒死」。

亦當不可絕食也。

案王本、百子本並無也字。記纂淵海引同。

讎校繕寫，

案文選左太沖魏都賦李善注引風俗通云：「案劉向別錄：一人讀書，校其上下，得謬誤，爲校；一人持本，一人讀書，若怨家相對，爲讎」。

出暴曬之。

案王本、百子本暴並作曝，俗。

精神傷沮。

案百子本沮作怚，沮、怚義並可通。御覽四一五引此已作沮，(顔本亦作沮)。則作沮蓋本書之舊矣。

不理衆務尒。

案唐封演封氏聞見記六引衆作庶。

迫有急卒，

案封氏聞見記引作「卒有急迫」。

盡無相見之理，蓋不知禮意乎！

案封氏聞見記引作「寧無盡見之理，其不知禮意乎！」莊子大宗師篇：「是惡知禮意乎！」(今本脱乎字)

來歲有社，

案程本、王本、百子本並無有字。

忌之日所經此日，

案王本、百子本上日字並作外。

致燕享焉。自玆已後，

案王本、百子本燕並作讌。百子本已作以，事文類聚後集五引此亦作以。

常有酒食之事尒。

案王本、百子本常並作嘗。

梁孝元帝年少之時，

案王本、百子本並無帝字。事文類聚引此有帝字，與此本合。

蓬頭垢面，

案莊子說劍篇：「蓬頭突鬢」。宋玉登徒子好色賦：「蓬頭攣耳」。山海經西山經郭璞注：「蓬頭亂髮」。

皆爲死讎。

死下舊注：「一本作怨字」。

案顏本、程本、王本、百子本死皆作怨。死乃怨之壞字，怨，俗怨字。論語微子篇：「不使大臣怨乎不以」。敦煌本怨作怨，淮南子兵略篇：「積怨在於民也」。日本古鈔卷子本怨作怨，並其比。

兵凶戰危，

案國語越語下、淮南子道應篇、史記越王句踐世家、說苑指武篇、鹽鐵論論菑篇、漢書主父偃傳、文子下德篇、尉繚子武議篇、兵令上篇皆云：「兵者，凶器也」。北堂書鈔一一八引孟子：「戰者，危事也」。御覽二七一引桓範世要論「戰者，危事；兵者，凶器」。

將軍鑿凶門而出。

案六韜龍韜立將篇：「君親操斧持首，授將其柄（中略）。乃辭而行，鑿凶門而出」。（今本脫「鑿凶門而出」五字，據長短經出軍篇補）。諸葛亮心書出師篇：「君持鉞柄以授將，曰：『從此至軍，將軍其裁之』。（中略）將受詞，鑿凶門引軍而出」。劉子兵術篇：「夫將者，國之安危，民之性命，不可不重。故詔之於廟堂，授之以斧鉞；受命既已，則設明衣，鑿凶門」。

世子方等親拜中兵參軍李猷焉。

案王本、百子本並無焉字。

申父交之敬。

案顏本、程本、王本、百子本交皆作友。交，隸書作友，與友形近，往往相亂。

昔者，周公一沐三握髮，一飯三吐餐，以接白屋之士，一日所見七十餘人。

案事文類聚別集二七引餐作哺。事又見韓詩外傳三、說苑敬愼篇，餐亦並作哺。（史記魯周公世家同）。王襃聖主得賢臣頌：「昔周公躬吐握之勞」。漢樂府古辭君子行：「周公下白屋，吐哺不及餐，一沐三握髮，後世稱聖賢」。曹操短歌行：「周公吐哺，天下歸心」。皆以爲周公事；鬻子上禹政篇：「禹嘗據一饋而七起，日中而不暇飽食」。呂氏春秋謹聽篇：「禹一沐而三捉髮，一食而三起」。又見淮南子氾論篇、帝王世紀（藝文類聚十一、初學記九、御覽八二引）、虞世南帝王略論，皆以之屬諸禹；劉子誡盈篇：「夏禹一饋而七起，周公一沐而三握」。則又合禹與周公言之。黄氏日抄五六讀呂氏春秋：「愚意此形容之語，本無其事，而世又以言周公」。岷以爲或禹與周公並有其事也。

晋文公以沐辭豎頭須，致有圖反之誚。

趙曦明云：「見左僖二十四年傳」。

案又見國語晉語四。

好待賓客。或有此輩，對賓杖之。僮僕引接，折旋俯仰，莫不肅敬，與主無別。

案事文類聚引此二十八字同。王本、百子本並作「號善爲士大夫。有如此輩，對賓杖之。其門生僮僕，接於他人，折旋俯仰，辭色應對，莫不肅敬，與主無別也」。

慕賢第七

古人云：「千載一聖，猶旦暮也；五百年一賢，猶比髆也。」

案顔本、程本、王本、百子本髆並作膊，喻林八五引同，古通。莊子齊物論篇：「萬世之後，而一遇大聖，知其解者，是旦暮遇之也」。藝文類聚二十、御覽四百二並引申子：「千里有賢者，是比肩而立也」。御覽四百一引申子:「百世有聖人,猶隨踵而生」。韓非子難勢篇:「夫堯、舜、桀、紂,千世而一出,是比肩隨踵而生也」。呂氏春秋觀世篇:「千里而有一士,比肩也;累世而有一聖,繼踵也」。戰國策齊策:「千里而一士,是比肩而立;百世而一聖,蓋接踵而至」。淮南子脩務篇:「若此九賢者,千里而一出,猶繼踵而生」。賈誼新書大政下篇:「故聖王在上位,則士百里而有一人,則猶無有也。故王者衰,則士沒矣;故暴亂在上位,則千里而有一人,則猶比肩也。故國者有不幸,而無賢士矣」。御覽四百二、天中記二四並引楊泉物理論:「千里一賢,謂之比肩」。故僞愼子外篇:「聖人在上,賢士百里而有一人,則猶無有也;王道衰,暴亂在上,賢士千里而有一人,則猶比肩也」。

未嘗不神醉魂迷,

案王本、百子本「神醉」並作「心醉」。列子黃帝篇「列子見之而心醉」。

言笑舉對,

案顏本、程本、王本、百子本對並作動。

潛移暗化,自然似之。

案文心雕龍練字篇:「別、列淮、淫,字似潛移」。

是以與善人居,如入芝蘭之室,久而自芳也;與惡人居,如入鮑魚之肆,久而自臭也。

趙曦明云:「本家語六本篇」。

周法高云：「孔子家語六本篇：與善人居，如入芝蘭之室，久而不聞其香，卽與之化矣；與不善人居，如入鮑魚之肆，久而不聞其臭，亦與之化矣」。案此文及孔子家語「芝蘭」，並當作「芷蘭」，芷與芝篆文、隸書形並相近，往往致誤。芷與茝同，漢書禮樂志：「茝蘭芳」。顏注：「茝，卽今白芷」。凡古書中稱香草，皆當以「芷蘭」或「蘭芷」連文，芝非香草也。意林引曾子：「君子之遊，苾乎如入蘭芷之室，久而不聞，則與之化矣；小人之遊，戲乎如入鮑魚之室，久而不聞，則亦化矣」。（又見治要，戲作膩，是也）。大戴禮曾子疾病篇：「與君子遊，苾乎如入蘭芷之室，久而不聞，則與之化矣；與小人遊，貸（當作膩）乎如入鮑魚之次，久而不聞，則與之化矣」。說苑雜言篇：「與善人居，如入蘭芷之室，久而不聞其香，則與之化矣；與惡人居，如入鮑魚之肆，久而不聞其臭，亦與之化矣」。皆以「蘭芷」連文；且皆與「鮑魚」對言，咸可證此文及家語芝字之誤。說苑指武篇：「顏回曰：回聞鮑魚、蘭芷，不同篋而藏」。（又見韓詩外傳九，芷作茝）。亦其證。

墨翟悲於染絲，

案論衡率性篇：「墨子哭練絲」。藝增篇：「墨子哭於練絲」。風俗通皇霸篇：「墨翟悲於練素」。阮籍詠懷詩：「墨子悲染絲」。劉子傷讒篇：「墨子所以悲素絲」。

世人多蔽，貴耳賤目，重遙輕近。

案漢書揚雄傳：「凡人賤近而貴遠」。劉子正賞篇：「珍遙而鄙近，貴耳而賤目」。

校其長短，覈其精麤，或能彼不能此矣。

案顔本、程本、王本、百子本皆作「校長短，覈精麤，或彼不能如此矣」。

一皆使典之。

案顔本、程本、王本、百子本皆無典字，有典字較長。

不敢王君一字。

案顔本、程本、王本、百子本皆作「不敢王褒數字」。

古人云：「巢父、許由讓於天下」。

案後漢書崔駰傳注引莊子：「許由，字武仲，隱於沛澤之中。堯聞之，乃致天下而讓焉。由以爲汚，乃臨池洗耳，其友巢父飲犢，聞由爲堯所讓，曰：『何以汚吾犢口！』牽於上流而飲之」。

齊朝折衝之臣，

案「折衝」，謂挫折衝車也。詩大雅皇矣：「與爾臨、衝」。毛傳：「衝，衝車也」。說文作幢，云：「陷陣車也」。晏子春秋雜上篇：「仲尼聞之曰：善哉！不出尊俎之間，而折衝於千里之外，晏子之謂也」。

齊國之亡，

案顔本、程本、王本、百子本皆作「齊亡之迹」。

勉學第八

案喻林三七、五四、九三，引此皆作務學。

以啓寤汝尒。

案王本、百子本啓並作終。

因此天機，

案莊子秋水篇：「今予動吾天機」，文選任彥昇爲范尙書讓吏封侯第一表注引司馬彪注：「天機，自然也」。

自茲墮慢，便爲凡人。人生在世，

周法高云：「戒子通錄不重人字」。

案戒子通錄誤脫一人字，不足據。

伎藝則沈思法術。

案王本、百子本沈並作深。蕭統文選序：「事出於沈思」。

射則不能穿札，

案王本、百子本則並作旣。

或因家世餘緒，

案莊子讓王篇：「其緒餘以爲國家」。

便自爲足，全忘脩學。

案事文類聚後集九引此文同。王本、百子本並作「便謂爲足，安能自苦！」

蒙然張口，如坐雲霧。

案揚雄太玄經務解篇：「小人之知，未知所向，猶泉初發，蒙蒙然也」。莊子天運篇：「予口張而不能嗋」。

憑斑絲隱囊，

案顏本、王本、百子本斑並作班，事文類聚引同，古通。

則顧人答策。

案顏本顧作雇，事文類聚引同。古通。

被褐而喪珠，

案事文類聚、喻林五九引被並作披，古通。孔子家語三恕篇：「子路問於孔子曰：有人於此，披褐而懷玉，何如」？趙壹疾邪詩：「被褐懷金玉」。阮籍詠懷詩：「被褐懷珠玉」。

兀若枯木，泊若窮流。

盧文弨云：「陸機文賦：『兀若枯木，豁若涸流』。泊，疑當作洦，下文引說文：『洦，淺水貌』。此當用之，匹白切」。

案兀與杌同，玉篇「杌，樹無枝」。弘明集十三王該日燭：「杌然寂泊」。此文泊，卽「寂泊」字。文賦泊作豁，豁有「空虛」義，史記司馬相如傳：「谽呀豁閜」。索隱：「豁閜，空虛也」。廣雅釋詁「豁，空也」。「空虛」與「寂泊」義近，則泊固不必改作洦矣。且「寂泊」與「窮流」，義正相應；若作洦，洦爲「淺水貌」，「淺水」與「窮流」固有別也。盧氏蓋未深思耳。

鹿獨戎馬之間，轉死溝壑之際。

案程本、王本、百子本「鹿獨」並誤「孤獨」。孟子梁惠王篇：「老弱轉乎溝壑」，滕文公篇：「使老稚轉乎溝壑」。

自荒亂已來，

案事文類聚引已作以。

汝可不自勉耶？

案事文類聚引汝字同。王本、百子本汝並作安。

父兄不可常依，鄉國不可常保。一旦流離，無人庇廕，

案事文類聚引「父兄」上有況字，廕作蔭，同。爾雅釋言：「庇，廕也」。說文：「庇，蔭也」。

是猶求飽而嬾營饌，

案顔本、程本、王本、百子本嬾皆作懶，喻林四九引同，俗。

文義習吏，

案王本、百子本吏並作史。

猶磨瑩雕刻也。

案瑩與鎣同，廣雅釋詁「鎣，磨也」。(文選左太沖招隱詩注、江文通雜體詩注引廣雅，鎣並作瑩)。

身死名滅者如牛毛，

案記纂淵海五五引蔣子萬機論：「學者如牛毛」。(御覽六百七引無者字)。抱朴子内篇極言云：「爲者如牛毛」。

逸樂名利者如秋荼。

案王本、百子本如並作幾。喻林四一引如字同。

拔羣出類，

案孟子公孫丑上篇：「出於其類，拔乎其萃」。

趙曦明云：「刑與型同」。如下舊注：「一本作生字」。

不知誠己刑物，執轡如組。

案王本、百子本刑並作型；喻林五引作形，刑、形古亦通用，淮南子道應篇：「誠於此者刑於彼」。

（又見孔子家語屈節篇）。治要引刑作形，卽其比。喻林引如作生，與一本合，非。

早刑時捨，

案王本、百子本時並作晚。

本欲開心明目，利於行耳，

案史記留侯世家：「忠言逆耳利於行」。（又見說苑正諫篇）。

以致甘輭，

盧文弨本輭作腝，云：「腝，宋本作䐡」。

案王本、百子本輭並作腝。岷所據重雕影宋本作輭，盧氏所據者誤。

不忘箴諫，

案王本、百子本箴並作誡，誡疑鍼之誤，鍼與箴同，文心雕龍銘箴篇：「箴者，鍼也（二字據敦煌本補，鍼，原作針，俗）。所以攻疾患防，喻鍼石也」。

瞿然自失，

案瞿借爲䀠，說文：「䀠，舉目驚䀠然也」，莊子說劍篇：「文王芒然自失」。

少私寡慾，

案老子十九章：「少私寡欲」。莊子山木篇：「少私而寡欲」。

齒弊舌存，

案淮南子原道篇：「齒堅於舌，而先之弊」。(又見文子道原篇)。孔叢子抗志篇：「子思見老萊子，(中略)老萊子曰：子不見夫齒乎？齒堅剛，卒盡相磨；舌柔順，終以不弊」。高士傳上：「商容(郎常摐)，不知何許人也。有疾。老子曰：『先生無遺教以告弟子乎？』(中略)容張口曰：『吾舌存乎？』曰：『存』。曰：『吾齒存乎？』曰：『亡』。『知之乎？』(知上疑脫「商容曰，子」四字，說苑敬愼篇可證)。老子曰：『非謂其剛亡而弱存乎？』容曰：『嘻！天下事盡矣』。」(又見僞愼子外篇)。

茶然沮喪，

盧文弨云：「莊子齊物論：茶然疲役，而不知所歸」。

案顏本、程本、王本、百子本茶皆作薾，顏本有注云：「茶同，音涅，疲也」，莊子齊物論篇云云(「不知」下有其字，盧氏失引)，道藏成玄英疏、王元澤新傳、林希逸口義、褚伯秀義海纂微、羅勉道循本諸本、世德堂本，茶皆作薾。茶，俗薾字。薾借爲薾，說文：「薾，智少力劣也」。

欲其觀古人之達生委命，

案淮南子詮言篇：「故通性之情者，不務性之所無以爲；通命之情者，不憂命之所無奈何」。(又見泰族篇)。性與生同。

今世人讀書者，

案王本、百子本並無今字。

不必知稷早而黍穉也。

案王本、百子本穉並作遲。

夫學者，所以求益尒。

案老子四十八章：「爲學日益」。

古之學者爲己，以補不足也；今之學者爲人，但能說之也。

案荀子勸學篇：「古之學者爲己，今之學者爲人」。

春玩其華，秋登其實。講論文章，春華也；脩身利行，秋實也。

案記纂淵海六二引玩作翫，登作取，論作說，春下、秋下並有之字。清吳壽昌等類纂精華十七引玩亦作翫，登亦作取。玩、翫古通。

一月廢置，便至荒蕪矣。

月下舊注：「一本有日字」。

案月下有日字，不詞，蓋涉上文「今日」字而衍。說文：「荒，蕪也」。

幼而學者，如日出之光；老而學者，如秉燭夜行，猶賢乎瞑目而無見者也。

盧文弨云：「說苑建本篇：『師曠曰：少而好學，如日出之陽；壯而好學，如日出之光；老而好學，如炳燭之明，炳燭之明，孰與昧行乎？』」

案記纂淵海五五兩引說苑，一引作「少而學者，如日出之光；老而學者，如秉燭夜行」。與此文尤合；一引「炳燭之明」，炳亦作秉，秉、炳正、假字。（曹丕與吳質書：「古人思炳燭夜遊，良有以也」。李白春夜宴從弟桃花園序炳作秉，亦同例）。尚書大傳四：「晉平公問於師曠曰：『吾年七十，欲學，恐已莫』。師曠曰：『臣聞老而學者，如執燭之明。執燭之明，孰與昧行？』」執與秉同義。記纂淵海五六引范子：「師曠對晉平公曰：少而學者，如日出之光；壯而學者，如日中之光；老而學者，如秉燭夜行。」（與此文亦較合。）金樓子立言篇上：「晉平公問師曠曰：『吾年已老，學將晚邪？』對曰：『少好學者，如日盛陽；老好學者，如炳燭夜行。』」

不肎事於經業。

案顏本、程本、王本、百子本皆作「不肯專儒」。肎，隸變作肯。

此四儒者，

案王本、百子本並無此字。

吾無閒焉。

案論語泰伯篇：「吾無閒然矣」。

與諸博士爭宗廟事，

案王本、百子本爭並作議，疑涉上文「議曹」字而誤。

不肎以物累己也。

案莊子秋水篇：「不以物害己」。淮南子氾論篇：「不以物累形」。

景附草靡。

案班固荅賓戲：「猋飛景附」。說苑君道篇：「夫上之化下，猶風靡草，東風則草靡而西，西風則草靡而東」。

荀奉倩喪妻，神傷而卒。

案御覽三百八十引〔晉孫盛〕晉陽秋：「荀粲，字奉倩。常曰：『婦人者，才智不足論，自宜以色爲主』。驃騎將軍曹洪女，有美色，粲於是聘焉。容服帷帳甚麗，專房宴寢，歷數年後，婦偶病亡。未殯，傅嘏往唁粲，〔粲〕不哭神傷，曰：『佳人難再得！』痛悼不已，歲餘亦亡」。（粲，俗粲字）。

異東門之達也。

案戰國策秦策三：「梁人有東門吳者，其子死而不憂。其相室曰：『公之愛子也，天下無有，今子死不憂，何也？』東門吳曰：『吾嘗無子，無子之時不憂；今子死，乃卽與（「卽與」當作「與鄉」，鄉與向同）無子時同也，臣奚憂焉？』」

郭子玄以傾動專勢，

案王本、百子本專並作權。

違弃其餘魚之旨也。

案顏本、程本、王本、百子本弃皆作棄。弃，古棄字。抱朴子交際篇：「昔莊周見惠子從車之多，而弃其餘魚」。(博喻篇：「是以惠施患從車之苦少，莊周憂得魚之方多」)。

直取其清談雅論，辭鋒理窟，剖玄析微，妙得入神，賓主往復，娛心悅耳。然而濟世成俗，終非急務。

案顏本、程本、王本、百子本皆作「直取其清談雅論，剖玄析微，賓主往復，娛心悅耳，非濟世成俗之要也」。

故置學生，

案王本、百子本故並作召。

廢寢忘食，

案文選王元長三月三日曲水詩序：「猶且具明廢寢，昃晷忘餐」。

容色顦顇，

案楚辭漁父：「顏色憔悴」。「憔悴」與「顦顇」同。

古人勤學，有握錐、投斧。

案御覽六一一引史記：「蘇秦，洛陽人。與魏人張儀同師事鬼谷先生。讀書至睡，秦輒引錐刺股，血流至踝」。(今本史記蘇秦列傳無刺股流血之文)。劉子崇學篇：「蘇生患睡，親錐其股」。通塞篇：「蘇秦握錐而憤懣」。

鋤則帶經，

案御覽六一一引魏略：「常林，少單貧，爲諸生，耕帶經鋤，其妻自擔餉餽之，相敬如賓」。又引虞溥江表傳：「張紘，事父至孝，居貧，躬耕稼，帶經而鋤，孜孜汲汲，以夜繼日，至於弱冠，無不窮覽」。

亦云勤篤。

案事文類聚別集四引云字同。顏本、程本、王本、百子本云皆作爲。

早孤家貧，常無燈，折荻尺寸，然明讀書。

案事文類聚引「早孤」云云，「然明」作「燃則」，餘同。燃，俗然字。則蓋明之形誤。王本、百子本並作「早孤家貧，燈燭難辦，常買荻尺寸折之，燃明夜讀」。

終於金紫光祿大夫。

案顏本、程本、王本、百子本皆無「大夫」二字。

卒成大學。

案事文類聚引此文同。王本、百子本並作「卒成學士」。天中記五四引同。

或書翰紙末，

案王本、百子本並無或字。

齊有主宦者內參田鵬鸞,

案王本、百子本並無主字。

懷袖握書,

案文選古詩:「置書懷袖中,三歲字不滅」。

未嘗不感激沈吟久之!

案文選古詩:「馳情整中帶,沈吟聊躑躅」。魏武帝短歌行:「但爲君故,沈吟至今」。

猶能以學著忠誠,

案王本、百子本並作「猶能以學成忠」。

父當以教爲事。

教下舊注「一本作學」。事下舊注:「一本作教」。

案顏本、程本、王本、百子本皆作「父當以學爲教」。

使汝棄學徇財,

案莊子盜跖篇:「小人殉財」。文選曹子建王仲宣誄注引莊子:「小人徇財。(與前非一篇之文)」,史記賈生列傳:「貪夫殉財兮」,文選賈誼鵩鳥賦徇作殉,注引列子(疑莊子之誤):「貪夫之殉財」。

徇、殉古通。

藜羹緼褐，

案墨子非儒下篇：「藜羹不糂。」（荀子宥坐篇同）。莊子讓王篇：「藜羹不糝」。（韓詩外傳七、說苑雜言篇同）。呂氏春秋任數篇：「藜羹不斟」。（說文：「糂，以米和羹也」糝，古文糂。斟，糂之借字）。韓非子五蠹篇：「藜藿之羹」。（淮南子精神篇、史記李斯列傳、太史公自序並同。太史公自序正義：「藜，似藿而表赤。藿，豆葉也」）。

師心自是，

案莊子人閒世篇：「夫胡可以及化，猶師心者也」。

稠人廣坐，謬誤羞慙者多矣！

羞下舊注：「一本有『差失』字，無羞字」。案史記灌夫傳（附見魏其武安侯列傳）：「稠人廣衆，薦寵下輩」。（又見漢書灌夫傳，顏注：稠，多也）。「謬誤羞慙者多矣！」當從一本作「謬誤差失，慙者多矣！」於文爲長。蓋由差誤爲羞，傳寫者因删失字耳。盧文弨本作「謬誤差失者多矣！」存「差失」字，是也；删慙字，非也。

有姜仲岳，謂孟勞者，

案王本、百子本並無「孟勞者」三字，天中記三二引同。

江南有一權貴，讀誤本蜀都賦注，解「蹲鴟，芋也」。乃爲羊字。人饋羊肉，荅書云：「損惠蹲鴟。」舉朝驚駭，不解事義；久後尋迹，方知如此。

案天中記引乃作而，「人饋」作「後有人餉」，迹作繹。說文：「芋，大葉、實根駭人，故謂之芋也」。徐鍇繫傳：「芋，猶言吁也。吁，驚詞。故曰『駭人謂之芋』，芋狀如蹲鴟，故駭人」。

遂謂朝士言，

案謂與爲(去聲)同。顏本、程本、王本、百子本皆作「遂一一謂言」。

此謂撞擣挺挏之。

案淮南子俶眞篇：「撢掞挺挏世之風俗」。高誘注：「挺挏，猶上下也」。

世本「容成造歷」。

案呂氏春秋勿躬篇：「容成作曆」。淮南子脩務篇：「容成造歷」。後漢書律歷志上劉昭注引(漢唐蒙)博物記：「容成氏造曆，黃帝臣也。」(曆，俗歷字)。

羞爲鄙朴，

案日本高山寺舊鈔卷子本莊子漁父篇：「而鄙樸之心，至今未去」。(今本「鄙樸」二字倒)。樸、朴正、假字。

上荆州必稱陝西，

案王本、百子本陜並誤峽。

言食則餬口，

案左隱十一年傳：「寡人有弟，不能和協，而使餬其口於四方」。

傳相祖述。

案傳借爲轉，呂氏書秋必已篇：「若夫萬物之情、人倫之傳則不然」。高誘注：「傳猶轉」。卽其證。

禮記中庸：「仲尼祖述堯、舜」。

莊生有「乘時鵲起」之說，

趙曦明云：「太平御覽九百二十一引莊子云：『鵲上高城之垝，而巢於高榆之顛，城壞巢折，陵風而起。故君子之居世也，得時則蟻行，失時則鵲起也』。困學紀聞載莊子逸篇有之」。

案文選古詩十九首注、謝玄暉和伏武昌登孫權故城詩注、直中書省詩注、陸士衡演連珠注、御覽九二八、九五六、事類賦注十九，皆引莊子此文（垝，或作墉，榆，或作枝、作樹）。

吾有一表親，作七夕詩云：「今夜吳鵲臺，亦共往塡河。」

案記纂淵海六二引「吾有一親表作」作「有人作」。盧文弨本「共往」二字倒。

又鄴下有一人詠樹詩云，

案記纂淵海引無一字。

皆耳學之過也。

案記纂淵海引耳作不。

而有名峙者。

案王本、百子本峙並作峙。

兄弟皆手邊立字。

案「手邊」顔本作「手傍」，程本、王本、百子本並作「木傍」。作「手邊」乃本書之舊。

若有知吾鍾之不調，一何可笑！

沈揆攷證：「淮南子脩務篇：『昔晉平公令官爲鍾，鍾成而示師曠。師曠曰：「鍾音不調」。平公曰：「寡人以示工，工皆以爲調，而以爲不調，何也？」師曠曰：「使後世無知音則已；若有知音者，必知鍾之不調」』。吾字疑當爲晉字，一本以鍾爲種者，尤非」。嚴式晦云：「吾疑音字之誤。程榮本『鍾之』作『之鍾』，萫本作『知鍾』，聲誤爲之耳」。周法高云：「嚴說迂曲，不可從。呂氏春秋長見篇：『晉平公鑄爲大鐘，使工聽之，皆以爲調矣。師曠曰：「不調，請更鑄之」。平公曰：「工皆以爲調矣」。師曠曰：「後世有知音者，將知鐘之不調也。臣竊爲君恥之」。至於師涓，而果知鐘之不調也。是師曠欲善調鐘，以爲後世之知音者也』。爲淮南子所本，當引之」。(高誘注：「調，和也」)。

案此文萫本作「若有知音，鍾之不調，一何可笑！」呂氏春秋長見篇：「後世有知音者，將知鐘之不調也」。淮南子脩務篇：「若有知音者，必知鍾之不調」。（鍾、鐘古、今字）。是其塙證。音誤爲吾，後人乃以吾字屬下讀耳。程本妄乙「鍾之」爲「之鍾」，（周書引嚴說作「之鍾」），王本、百子本並同，愈失此文之舊矣。嚴氏疑吾爲音之誤，是也；然據妄乙之程本改「鍾之」爲「知鍾」，則多事矣。又案抱朴子喻蔽篇：「瞽曠之調鍾，未必求解於同世」。亦本呂氏春秋。

吾初讀莊子「螝二首」。

趙曦明云：「今書未見」。

案一切經音義四六亦引莊子：「虺二首」。顏氏以螝爲古虺字，（詳下）。是也。

見柏人城北，

趙曦明云：「柏人，趙地。漢高祖將宿，心動，問知其名，曰：『柏人者，迫於人也』。遂去之。即此」。

案顏本、程本、王本柏並作栢，同。趙注本史記張耳列傳，又見漢書高帝紀。

後讀城南門徐整碑云，

案王本、百子本南並作西。

多稱勿勿。

案記纂淵海七二、事文類聚別集六引「勿勿」並作「匆匆」，下同，俗。

案說文,

案記纂淵海引案作據。

故忩遽者稱爲勿勿。

案王本、百子本忩並作忽。記纂淵海引作忽,事文類聚引作匆,忽蓋忽之誤。(忽、匆,並俗字。趙、盧本改爲悤,是也)。

初晴日晃,

案王本、百子本晃並作明。

有一蜀豎就視,答曰:「是豆逼尒。」

案王本、百子本曰並作云。說文繫傳十:「顏之推家訓云:有蜀豎謂『豆粒』爲『豆皀』。」疑據下文易逼爲皀。

命將取來,

案王本、百子本並作「命取將來」。

舉俗呼之爲騔。

案王本、百子本俗並作族。

梁世有蔡朗,諱純。

趙本諱上有父字，云：「諸本多脱父字」。盧本從之。周法高云：「盧本朗下增父字，今據諸本删。案風操篇云：『或有諱雲者，呼「紛紜」爲「紛烟」；有諱桐者，呼「梧桐樹」爲「白鐵樹」』。又云：『吾親識中，有諱襄、諱友、諱同、諱清、諱和、諱禹，交疏造次，一座百犯』。然則此處不當增父字」。案事文類聚後集二三引此文作「梁世有蔡郎者，父諱純」。天中記四六引此亦有父字。則趙、盧本有父字，實有所本，此不得以他篇文例衡之也！

遂呼蓴爲露葵菜。

案事文類聚引菜字同。顔本、程本、王本、百子本皆無菜字。

遞相倣斆。

趙本斆作效，云「宋本作斆，非」。盧本從之。案顔本、程本、王本、百子本斆皆作倣，事文類聚引同；天中記引作效。倣，或效字。斆、效古通，序致篇：「遞相模斆」，亦以斆爲效。則作斆，乃本書之舊矣。盧文弨於彼文補注云：「與效同」。於此又從趙改，（周君彙注本亦從之）。殊不可解！

遣一士大夫聘齊，

案事文類聚引作「有士人聘齊」。

露葵是蓴，水鄉所出。卿今食者，緑葵菜耳。

案事文類聚引蓴下有菜字，今下有所字，「綠葵」下無菜字。天中記引「水鄉」作「江南」。

乍聞無以覈究。

案王本、百子本，覈並誤覈。

文章第九

歌詠賦誦，

案顏本、程本、王本、百子本誦並作頌，記纂淵海七五、天中記三七引並同。

敷顯仁義，發明功德，牧民建國，不可暫無。

案記纂淵海引顯作暢，「不可暫無」，同，下有注云：「一本作『施用多途』」。天中記三七引作「施用多途」。王本、百子本並同。管子牧民篇：「凡有地牧民者，務在四時」。

至於陶冶性靈，從容諷諫，入其滋味，亦樂事也。

案鍾嶸詩品上評阮籍詩：「可以陶性靈」。宋邵博邵氏見聞後錄十七引此「性靈」作「性情」，文心雕龍徵聖篇：「陶鑄性情」。聲律篇：「滋味流於字句」。(今本「滋味」上衍「吟詠」二字)。鍾嶸詩品序：「是衆作之有滋味者也」。

王褒過章童約，

案記纂淵海引童作僮。

吳質詆忤鄉里，

案王本、百子本忤並作訶。記纂淵海引作斥。

杜篤乞假無猒，

案王本、百子本猒並作厭，記纂淵海引同，猒、厭正、假字。

陳琳實號麤疎，

案顏本、程本、王本、百子本麤皆作麁，記纂淵海引同，俗。

孫楚矜誇凌上，

案顏本凌作淩；記纂淵海引作陵，並古字通用。

王元長凶賊自貽，謝玄暉悔慢見及。

案記纂淵海引賊作徒。貽與詒同，詩邶風雄雉：「自詒伊阻」。（毛傳：「詒，遺」。釋文詒作貽）。小雅小明：「自詒伊戚」。（又見左宣二年傳）。記纂淵海引「悔慢」作「侮嫚」，顏本悔亦作侮，侮、悔正、假字。嫚、慢亦正、假字。

大較如此。

案記纂淵海引較作槩。史記貨殖列傳：「此其大較也」。

皆負世議，非懿德之君也。

案「負世議」，謂「被世譏議」也。漢書武帝紀：「士或有負俗之累」，注引晉灼注：「負俗，謂被世譏論也」。詩大雅烝民：「民之秉彝，好是懿德」。毛傳：「懿，美也」。

自子游、子夏、荀況、孟軻、枚乘、賈誼、蘇武、張衡、左思之儔，

案孟軻當在荀況之上，宋王得臣麈史中：「顏氏家訓亦足以爲良；至論文章，以游、夏、孟、荀、枚乘、張衡、左思爲狂，而又詆訐子雲，吾不取焉」。所見本蓋作「孟軻、荀況」。

果於進取。

案論語子路篇：「狂者進取」。

一句清巧，

案本篇下文：「何遜詩，實爲清巧」，「子朗信饒清巧」。鍾嶸詩品下：「令暉歌詩，往往嶄絕清巧」。

勿強操筆也。

案王本、百子本並無也字。

至無才思，

案王本、百子本至下並衍於字。

近在并州，有一士族，好爲可笑詩賦，誂擎邢、魏諸公，衆共嘲弄，虚相讚說，便擊牛釃

酒，招延聲譽。其妻明鑒婦人也。

案天中記二九、三七並引此文，「近在」作「北齊」，有下無一字。「誂撆」作「輕蔑」，「讚說」作「稱讚」，便作必，「招延聲譽」，作「延之」，人上無婦字。

自見之謂明，

唐趙蕤長短經是非篇引老子：「內視之謂明」。史記商君列傳：「趙良曰：內視之謂明」。

得其評裁，知可施行，

案王本、百子本並作「得其評論者」。

便稱才士。要動俗蓋世，亦俟河之清乎！

案王本、百子本便並作遂，要下並有須字。鍾嶸詩品序：「彼衆我寡，未能動俗」。史記項羽本紀：「力拔山兮氣蓋世」。（又見漢書項羽傳）。

不屈二姓，夷、齊之節也。

案孟子公孫丑上篇：「非其君不事，非其民不使；治則進，亂則退，伯夷也」。（又見萬章下篇）。莊子讓王篇：「若伯夷、叔齊者，其於富貴也，苟可得已，則必不賴。高節戾行，獨樂其志，不事於世，此二士之節也」。

何事非君，伊、箕之義也。

案孟子萬章下篇：「伊尹曰：何事非君？何使非民？」

君臣固無常分矣。

案莊子秋水篇：「分無常」。

然而君子之交絶無惡聲。

趙曦明云：「戰國燕策：『樂毅報燕惠王書曰：臣聞古之君子，交絶不出惡聲；忠臣去國，不潔其名』」。

案又見史記樂毅列傳。

雄曰：「然，童子雕蟲篆刻；壯士不爲也。」

案天中記三七引此作「曰：『然，童子雕蟲篆刻』。俄而曰：『壯夫不爲也』。或曰：『霧縠之組麗』。曰：『女工之蠹矣』」。疑據法言吾子篇所增。王本、百子本「壯士」並作「壯夫」，是。

安敢望大聖之清塵！

案文選司馬相如上書諫獵一首：「犯屬車之清塵」。李注：「車塵言清，尊之意也」。

不啻覆醬瓿而已。

周法高云：「鮑本無瓿字，明本有」。

案岷所據重雕影宋本有瓿字。王本、百子本亦並有瓿字。

齊世有席毗者，

案記纂淵海六七引席毗同，下有注云：「毗，一作玭」。王本、百子本席並誤辛，下同。天中記五一引此亦誤辛，下同。

君輩辭藻，譬若朝菌，須臾之翫，

案記纂淵海引辭作詞，（古通）。「朝菌」字同，翫作玩。（古通）。天中記引「朝菌」字亦同。莊子逍遙遊篇：「朝菌不知晦朔」。顏本、程本、王本、百子本「朝菌」皆作「榮華」。抱朴子自敍篇：「有若春華，須臾凋落」。

豈比吾徒千丈松樹，常有風霜，不可凋悴矣。

案記纂淵海引「千丈」字同，無樹字，凋作彫。御覽九五二引凋亦作彫，古通。天中記引「千丈」字亦同。王本、百子本並作「十丈」。

席笑曰：「可哉！」

案顏本、程本、王本、百子本哉皆作矣，天中記引同。

凡爲文章，猶乘騏驥，雖有逸氣，當以銜策制之。

案「猶乘騏驥」，「銜策」，記纂淵海七五引並同。顏本、程本、王本、百子本猶下皆有人字，「銜策」作「銜勒」，喻林八八引並同。

文章當以理致爲心腎，氣調爲筋骨，事義爲皮膚，華麗爲冠冕。

案喻林引「心腎」作「心胸」。文心雕龍附會篇：「夫才量學文，宜正體製：必以情志爲神明，事義爲骨髓，辭采爲肌膚，宮商爲聲氣」。顏、劉二氏於文章體製，各有偏重。

辭與理競，辭勝而理伏。

案鍾嶸詩品序：「永嘉時，貴黃、老，稍尚虛談，于時篇什，理過其辭，淡乎寡味」。顏氏重理，鍾氏重辭，持論各殊。顏氏蓋有意獨申己見也。

放逸者流宕而忘歸，

案後漢書方術傳序：「甚有雖流宕過誕，亦失也」。

但務去泰、去甚耳。

案記纂淵海引無下去字。

撰西府新文紀，

案王本、百子本紀並作「史記」。

沈隱侯曰：「文章當從三易，」

案宋王應麟小學紺珠四引沈隱侯作沈約。天中記三七引沈隱侯下有約字。宋周煇青波雜志十引「文章」作「古儒士爲文」。

魏愛慕任昉而毁沈約。

案史通雜説中篇：「觀休文宋典，誠曰不工；必比伯起魏書，更爲良史，而收每云：『我視沈約，正如奴耳！』（原注：出關東風俗傳）」。

各爲朋黨。

案王本、百子本爲並作有，義同。

昔者，邑號朝歌，顔淵不舍；里名勝母，曾參斂襟。

案水經淇水注引論語比考讖：「邑名朝歌，顔子不舍」。（周君彙注所録鄭珍校本簽略異）。天中記十引論語撰考讖：「里名勝母，曾子斂襟」。劉子鄙名篇：「邑名朝歌，顔淵不舍（御覽一六一引作『邑號朝歌，墨子廻車』。蓋據鄒陽獄中上梁孝王書妄改）；里名勝母，曾子還軔」。並以不舍朝歌爲顔淵事，與家訓合。他書則皆屬之墨翟，藝文類聚十八引司馬相如美人賦：「孔、墨之徒，聞齊饋女而遐逝，望朝歌而廻車」。史記鄒陽列傳：「故縣名母勝，而曾子不入；邑號朝歌，而墨子回車」。（又見新序節士篇）。曹植與吴季重書：「墨翟不好伎。何爲過朝歌而廻車乎」？皆其證也。又案論衡問孔篇：「曾子不入勝母之閭」。後漢書鍾離意傳：「曾參回車於勝母之閭」。

梁世費旭詩云，

案王本旭作彪，下同（與周君彙注引劉盼遂説合）。

世人或有引詩「伐鼓淵淵」者，

案顏本、程本、王本、百子本有下皆有「文章」二字，馮惟訥古詩紀別集十一引同。

舉此一隅，觸塗宜慎。

案論語述而篇：「舉一隅，不以三隅反，則不復也」。

遂嘗以忤人，

案王本、百子本以下並有此字。

今世以爲諱也。

案王本、百子本並無也字。

陳思王武帝誄，遂深永蟄之思。

案金樓子立言篇下：「陳思之文，羣才之儁也。武帝誄云：『尊靈永蟄』。明帝頌云：『聖體浮輕』。浮輕有似於蝴蝶，永蟄可擬於昆蟲，施之尊極，不其嗤乎！」

孫楚王驃騎誄云：「奄忽登遐」。

案墨子節葬篇：「秦之西有儀渠之國者，其親戚死，聚柴而焚之，燻上，謂之登遐」。(又見列子湯問篇、博物志異俗篇、劉子風俗篇)。列子黃帝篇：「而帝登假」。(張湛注：假當爲遐)。周穆王篇：「世以爲登假焉」。(注：假字當作遐)。

挽歌辭者，

案天中記、古詩紀引挽並作輓，輓、挽正、俗字。

皆爲生者悼往告哀之意。

案王本、百子本告並作苦，天中記、古詩紀引「告哀」並作「哀苦」。

又乖製作大意。

案王本、百子本大並作本，中天記、古詩紀引並同。

疎失厥體。

案顔本疎作殊。

何不述赧王、靈帝乎？

案王本何誤祠，且屬上絕句，妄甚！

略舉一兩端以爲誡云。

案顔本、程本、王本、百子本皆無云字。

痛心拔惱，

案百子本惱作腦，是。

何故方言「有如」也？觀其此意，當謂親兄弟爲「孔懷」。

案顔本、程本、王本、百子本皆無方字。弘明集十一劉君白答僧巖法師書：「對孔懷之好，敦九族之美」。亦以兄弟爲「孔懷」。

梁簡文鴈門太守行，

案古詩紀引「梁簡文」作「簡文爲」。

此亦明珠之類，美玉之瑕。

案淮南子說林篇：「若珠之有纇，玉之有瑕」。

「蟬噪林逾靜，鳥鳴山更幽。」江南以爲文外斷絕。

案天中記引更作自(更字較勝)。「斷絕」作「獨絕」。

嘗有秋詩云：「芙蓉露下落，楊柳月中疎。」

案古詩紀引秋下有思字。宋許顗彥周詩話：「六朝詩人之詩，不可不熟讀，如『芙蓉露下落，楊柳月中疎』。鍛鍊至此，自唐以來，無人能及也」。

多形似之言。

案宋胡仔苕溪漁隱叢話前集八：「詩眼云：形似之意，蓋出於詩人之賦，『蕭蕭馬鳴，悠悠旆旌』。是也。古人形似之語，如鏡取形，燈取影也」。沈約宋書謝靈運傳：「相如巧爲形似之言」。鍾嶸詩品上評張協詩：「巧構形似之言」。詩品序：「豈不以指事造形，窮情寫物，最爲詳切者邪？」所謂「指事造形，窮情寫物」，卽「形似之言」也；中品評鮑照詩：「善製形狀寫物之詞」。猶言「善爲形似之言」耳。

平生誦何詩，常云，

案王本、百子本並無常字，古詩紀別集六引同。

唯服謝朓。常以謝詩置几案閒，動靜輒諷味。

案靜字疑因動字聯想而衍，記纂淵海六五引此文作「惟服謝詠。置几桉，動輒吟咏（咏疑味之誤）其文」。

亦爲冠絕。

案王本、百子本亦並作並，古詩紀引同。

名實第十

厚貌深姦，

案莊子列禦寇篇：「人者厚貌深情」。（又見劉子心隱篇）。意林引魯連子：「人皆深情厚貌以相欺」。

拱把之梁，

案王本、百子本把並作抱。莊子人閒世篇：「其拱把而上者，求狙猴之杙者斬之」。

若能開方軌之路，

案史記淮陰侯列傳：「車不得方軌」。又見漢書韓信傳，顏注：「方軌，併行也」。

則仲由之證鼎，

盧文弨云：「證鼎非子路事，韓非子說林下：『齊伐魯，索讒鼎，魯以其鴈往。齊人曰：「鴈也！」魯人曰：「眞也」。齊人曰：「使樂正子春來，吾將聽子」。魯君請樂正子春，樂正子春曰：「胡不以其眞往也？」君曰：「我愛之」。答曰：「臣亦愛臣之信」』。鴈與贋同。疑顏氏本誤用，而後人改之」。

案王本、百子本「證鼎」並作「言信」。盧氏引韓非子說林下云云，又見呂氏春秋審己篇，樂正子春作柳下季。（新序節士篇作柳下惠，展獲字季，謚惠，居柳下；劉子履信篇作柳季，略下字）。

趙熹之降城，

案王本、百子本熹並作喜。

不知後之矛戟，毀前之干櫓也。

案哀二年穀梁傳疏引莊子：「楚人有賣矛及楯者，見人來買矛，卽謂之曰：『此矛無何不徹』。見人來買楯，則又謂之曰：『此楯無何能徹者』。買人曰：『還將爾矛刺爾楯，若何？』」（又見韓非子難一篇）。禮記儒行：「禮義以爲干櫓」。鄭注：「干櫓，小楯大楯也」。

虙子賤云：『誠於此者形於彼』。

案王本、百子本虙並作宓，俗。呂氏春秋具備篇：「巫馬期短褐弊裘而往觀化於亶父，見夜漁者，得則舍之。巫馬期問焉，曰：『漁爲得也，今子得而舍之，何也？』對曰：『宓子不欲人之取小魚也，所舍者小魚也』。巫馬期歸告孔子曰：『宓子之德至矣！使小民闇行，若有嚴刑於旁。敢問宓子何以至於此？』孔子曰：『丘嘗與之言，曰：「誠乎此者刑乎彼」。宓子必行此術於亶父也』」。（又見淮南子道應篇。顏氏以「誠於此者形於彼」。爲虙子賤之言，是也。盧文弨補注引家語屈節篇，不明句讀，以爲孔子告子賤之言，大謬！）史記仲尼弟子列傳：「宓不齊，字子賤」。家語弟子解：「宓不齊，魯人，字子賤」。

可爲骨寒毛竪。近有大貴，以孝著聲。

案王本、百子本竪並作豎（下同，俗），「以孝著聲」，並作「孝悌著聲」。

遞共吹噓。

案王本、百子本共並作相。

或齎梁棗餅餌，

案王本、百子本梁並作粱。

功績遂損敗矣。

案顏本、程本、王本、百子本「損敗」二字皆倒。

亦猶蟬殼蛇皮，獸迒鳥迹耳。

案莊子寓言篇:「予蜩甲也?蛇蛻也?」成玄英疏:「蜩甲,蟬殼也。蛇蛻,皮也」。孟子滕文公上篇:「獸蹄鳥迹之道,交於中國」。

且勸一伯夷,而千萬人立清風矣。

案孟子萬章下篇:「故聞伯夷之風者,頑夫廉,懦夫有立志」。

勸一柳下惠,而千萬人立貞風矣。

案孟子萬章下篇:「柳下惠不羞汙君,不辭小官。進不隱賢,必以其道。遺佚而不怨,阨窮而不憫。與鄉人處,由由然不忍去也。爾爲爾,我爲我,雖袒裼裸裎於我側,爾焉能浼我哉?」

獲其庇廕者亦衆矣。

案亦字疑涉上文「亦子孫」而衍,顏本、程本、王本、百子本皆無亦字,喻林四十引同。

世之汲汲者,

案王本、百子本之並作人。

松柏偕茂者,

案王本、百子本並無者字。

涉務第十一

士君子之處世，

案王本、百子本士並作夫。

四則蕃屏之臣，

案王本、百子本蕃並作藩，藩、蕃正、假字，說文：「藩，屏也」。左僖二十四年傳：「故封建親戚，以蕃屏周」。定四年傳：「選建明德，以藩屏周」。

開悟有術，

案顏本、程本、王本、百子本悟並作略。

此則皆勤學守行者所能辦也。

案王本、百子本辦亦並作辨，辨、辦古、今字。管子形勢解：「故家事辨焉」。明朱東光本辨作辦，（戴望校正引宋本亦作辦）。與此同例。荀子一書多以辨爲辦，郝懿行補注議兵篇有說。

周法高云：「戒子通錄辦作辨，非」。

處廊廟之下，

案顏本、程本、王本、百子本「廊廟」皆作「廟堂」。

擢爲令僕已下，

案顔本、程本、王本、百子本已作以。

所以處於清高，蓋護其短也。

案顔本、程本、王本、百子本高皆作名，王本、百子本蓋皆誤益。

此亦眼不能見其睫耳。

案韓非子喻老篇：「智如目也，能見百步之外，而不能自見其睫」。

皆尙褒衣博帶，

案韓詩外傳一、五並云：「逢衣博帶」。淮南子氾論篇：「褒衣博帶」，（又見論衡別通篇）。又云：「豐衣博帶」。逢、褒、豐，並猶大也。

建康令王復，性既儒雅，未嘗乘騎；見馬嘶歕陸梁，莫不震懾。乃謂人曰：『正是虎，何故名爲馬乎？』其風俗至此！

案王本、百子本並無此段。莊子馬蹄篇言馬「翹足而陸」。釋文引司馬彪注：「陸，跳也」。漢書揚雄傳：「飛蒙茸而走陸梁」。注引晉灼注「走者陸梁而跳也」。

簸揚之。

案詩小雅大東：「維南有箕，不可以簸揚」。說文：「簸，揚米去糠也」。

因晉中興南渡江，卒爲羈旅。

周法高云：「戒子通錄卒作本」。

案王本、百子本南字並同。戒子通錄卒作本，乃俗書形近之誤。

未嘗目觀起一墢土，

案顏本、程本、王本、百子本墢皆誤撥。

不知富貴竝由天命。

案論語顏淵篇：「富貴在天」。

倚作舅姑之大，蛇虺其性，惡口加誣，

案事文類聚後集十三引作作恃，大字同，惡字同。顏本、程本大並作尊。王本、百子本大亦並作尊，惡並作毒。

郤成救婦不孝己身。

案事文類聚引同。王本、百子本並作「郤云教以婦道不孝己身」。

但憐己之子女，不愛其婦。

案事文類聚引同。顏本、程本、王本、百子本皆作「但怜己之子女，不愛己之兒婦」。怜與憐同。

不得與爲鄰，何況交結乎？避之哉！避之哉！

案事文類聚引同。顔本、程本、王本、百子本皆作「愼不可與爲鄰，仍不可與爲援，宜遠之哉！」又案自上文「世有癡人」至此一段，顔本、程本、王本、百子本皆在歸心篇末，趙曦明本同，盧文弨補注從之。趙云：「宋本在涉務篇末，俗本在此。今案此段亦言因果，附此爲是」。惟此段雖涉及因果，而收結言避之不與交結，此正「涉務」之方也。則宋本在涉務篇末，固無不可矣。

省事第十二

銘金人云：「無多言，多言多敗？無多事，多事多患。」

案御覽三百九十引荀子：「金人銘曰：『周大廟右階之前，有金人焉。三緘其口，而銘其背曰：我，古之愼言人也。戒之哉！無多言，無多事。多言多敗，多事多害』」。又見說苑敬愼篇、金樓子戒子篇，銘文並與顔氏所引同。

能走者奪其翼，善飛者減其指？有角者無上齒，豐後者無前足。

郝懿行斠記云：「指當爲趾字之譌」。

案指乃脂之借字，郝說非。淮南子地形篇：「四足者無羽翼，戴角者無上齒；無角者膏而無前，有角者指而無後」。孔子家語執轡篇：「四足者無羽翼，戴角者無上齒；無角無前齒者膏，有角無後齒者脂」。(王肅注引淮南子指作脂)。

多爲少善，不如熟一？鼯鼠五能，不成伎術。

案顏本熟字同。（周君彙注誤作執）。王本、百子本熟並作執，據下文「略得梗槩，皆不通熟」。則作熟字是。大戴禮勸學篇：「鼫鼠五伎而窮」。

鮮卑語、胡書，

案顏本、程本、王本、百子本皆無「胡書」二字。

或無絲毫之益，

趙曦明云：「宋本絲作私，訛」。

案岷所據影宋本絲字不誤。

初獲不貲之賞，

案「不貲」猶「無貲」，淮南子人閒篇：「金錢無量，財貨無貲」。貲、量互文，貲亦量也。（列子說符篇貲作訾，古通）。

懷瑾瑜而握蘭桂者，

案楚辭九章懷沙：「懷瑾握瑜兮，窮不知所示」。

咸粃糠之微事。

案王本、百子本「粃糠」二字並倒。莊子逍遙遊篇：「是其塵垢粃糠，猶將陶鑄堯、舜者也」。

或被發姦私，面相酬證；事途迴穴，翻懼懋尤。

盧文弨云：「迂迴叢宂，言所值之不能一途。宂，而隴切。䋣與翻同」。

案說文：「姦，私也」。宂，俗穴字。古書穴字往往如此作。盧氏以爲「叢宂」字，大謬！（周君彙注引李詳補注：「宂當作穴」。亦不知宂即穴字）。王本、百子本宂（穴）並誤冗，冗，俗宂（而隴切）字。顏本䋣作翻，愆下有注云：「愆同」。

而獲酬謝。

案事文類聚前集三九引酬作詶。酬、詶正、假字。

世見躁競得官者，便謂弗索何獲；不知時運之來，不然亦至也。

案王本、百子本謂並作爲（下同），「不然」並作「不索」。事文類聚引謂亦作爲（下同），「不然」字同。

不知風雲不與，

事文類聚引與作輿。

王子晉云：「佐饔得嘗，佐鬬得傷。」

案文子上德篇：「助祭者得嘗，救鬬者得傷」。

不欲黨人非義之事也。

案事文類聚別集二八引人作夫。

以此得罪，

案記纂淵海六八、事文類聚引罪字並同。顏本、程本、王本、百子本皆作辠。顏本有注云：「古罪字」。

至如郭解之代人報讎，

案事文類聚引如作於，義同。

亦不足衈焉。

案事文類聚引亦字同。王本、百子本亦並作又。

恥爲此讓，

案王本、百子本讓並作議。

此好名之辱也。

案王本、百子本「好名」下並有「好事」二字。

止足第十三

唯在少欲知足，

案王本、百子本足並作止。老子十九章：「少私寡欲」。三十三章：「知足者富」。四十四章：「知足不辱」。四十六章：「故知足之足常足矣」。

吾終身服膺。

案禮記中庸：「得一善，則拳拳服膺，而弗失之矣」。莊子盜跖篇：「服膺而不舍」。

皆以義散之。

案顏本、程本、王本、百子本皆無皆字。

夜塡坑谷，

案王本，塡作捐；百子本作損，並非。

誠兵第十四

顏高、顏鳴、顏息、顏羽之徒，

案王本、百子本並脫「顏息」二字。

齊有顏涿聚，

案呂氏春秋尊師篇、御覽六一四引應璩答韓文憲書，顏涿聚並同。晏子春秋外篇重而異者第七作顏燭鄒，韓詩外傳九作顏斲聚(斲，舊誤鄧，孫詒讓逘札有說)，淮南子氾論篇作顏喙聚(喙，舊誤喙，王念孫雜志有說)，漢書古今人表作顏燭雛(盧文弨補注誤作顏濁鄒)，劉子妄瑕篇作顏濁鄒，皆古字通用。

孔子力翹門關，不以力聞。

案宋薛據孔子集語曾子篇引呂氏春秋：「孔子之勁，能拓國門之關，勇服孟諸，足蹀狄兎，不以力聞」。（與今本愼大覽異）。拓乃招之誤，淮南子主術篇高誘注：「招，舉也」。史通雜説上篇：「昔孔子力可翹關，不以力稱」。作翹，與此同。

不能被甲執兵以衞社稷，

案禮記檀弓下：「能執干戈以衞社稷」。

逞弄拳掔，

案王本、百子本掔並作腕。

若居承平之世，

案顔本、程本、王本、百子本皆無居字。

幸災樂禍，

案左僖十四年傳：「幸災不仁」。莊二十年傳：「今王子頽歌舞不倦，樂禍也」。

詿誤善良。

案史記孝文本紀：「詿誤吏民」。（又見漢書文帝紀）。張儀列傳：「詿誤人主」。

便騎乘，正可稱武夫尒。

案顔本、程本、王本、百子本「騎乘」二字皆倒。王本正作上，百子本作止，上乃止之誤。

卽自稱武夫兒，乃飯囊酒甕也。

案王本、百子本並無自字。論衡別通篇：「腹爲飯坑，腸爲酒囊」。

養生第十五

但性命在天，或難鍾値。

案王本、百子本鍾並作種，古通。管子國蓄篇：「鍾饟糧食」，明朱東光本及漢書食貨志鍾並作種，淮南子天文篇：「人氣鍾首」，玉燭寶典十一引鍾作種，皆其比。

公私驅役，

案王本、百子本驅並作勞。

千萬不遇一尒。

案王本、百子本遇並誤過。

加以金玉之費，鑪器所須，益非貧士所辦。

周法高云：「續家訓益作蓋」。

案益與上文加，義正相應。薔乃益之形誤，不足據。

學若牛毛，成如麟角。

案王本、百子本若並作如。御覽六百七引蔣子萬機論：「諺曰：學如牛毛，成如麟角。」。（記纂淵海五五引學下、成下並有者字，與趙曦明注所引合）。抱朴子內篇極言：「爲者如牛毛，獲者如麟角」。（王子年拾遺記四引作「學若牛毛，得如麟角」）。

不能出世，不願汝曹專精於此。

周法高云：「續家訓世作此」。

案世、此形近，又涉下文此字而誤也。不足據。

均適暄寒，

案王本、百子本「暄寒」二字倒。

有單服杏仁、枸杞、黃精、朮煎者，

案顏本、程本、王本、百子本「朮煎者」並作「木車前」。木乃朮之誤。

早朝建齒三百下爲良。行之數日，卽便平愈。

案王本、百子本建並作叩，並無便字。

凡諸餌藥，

案王本、百子本諸並作欲。

不可輕脫。

案王本、百子本脫並作服。後漢書列女曹世叔妻傳:「動静輕脫」。

夫養生者,先須慮禍,

案王本、百子本並無者字。

單豹養於内而喪外,張毅養於外而喪内。前賢所戒也。

案淮南子人閒篇:「單豹倍世離俗,巖居谷飲,不衣絲麻,不食五穀,行年七十,猶有童子之色,卒而遇飢虎殺而食之。張毅好恭,過宫室廊廟必趨,見門閭聚衆必下。厮徒馬圉,皆與伉禮。然不終其壽,内熱而死。豹養其内,而虎食其外;毅脩其外,而疾攻其内」。(趙曦明注引莊子達生篇:「善養者,如牧羊」。乃「善養生者,若牧羊然」之誤)。抱朴子嘉遯篇:「務乎單豹之養内,未睹暴虎之犯外也」。江淹雜詩:「張生閉内機,單生蔽外像」。

令人憤懣。

案漢書司馬遷傳:「是僕終已不得舒憤懣以曉左右」。顏注:「懣,煩悶也」。

歸心第十六

國語周語下：「民歆而德之，則歸心焉」。商君書壹言篇：「歸心於壹而已矣」。

家世業此。

案王本、百子本並作「家業歸心」。

略動勸誘尒。

案顔本、程本、王本、百子本動並作重。

俗之謗者，

案天中記三六引謗下有佛字。

糜費金寶，

案顔本、程本、王本、百子本糜皆作縻，古通。

其五以縱有因緣，如報善惡，安能辛苦今日之甲，利後世之乙乎？

案天中記引如作而，利下有益字。如、而同義，「利益」與「辛苦」對文。

莫著天地，

案顔本、程本、王本、百子本著並作若，於義爲長。

地爲滓濁，

案淮南子天文篇：「重濁者滯凝而爲地」。列子天瑞篇：「濁重者下爲地」。

歸塘尾閭，渫何所到？

盧文弨云：「列子湯問篇：『夏革曰：渤海之東，不知幾億萬里，有大壑焉，實爲無底之谷，其下無底，名曰歸墟。八紘、九野之水，天漢之流，莫不注之，而無增無減焉』。張湛注：『歸墟，或作歸塘』」。

案盧氏引列子張湛注，乃釋文之誤。張湛注作「莊子云：尾閭」。事類賦注六引作「歸墟即尾閭也」。御覽六十引列子「歸墟」作「歸塘」，與此文合。天中記九引莊子(秋水篇)司馬彪注：「尾閭，泄海水出外者也。尾者，在百川之下，故稱尾。閭者，聚也。水聚族之處，故稱閭也」。

水性就下，

案孟子告子上篇：「人性之善也，猶水之就下也」。淮南子齊俗篇：「譬若水之下流」。

凡人之信，唯耳與目。

盧文弨云：「廣弘明集之作所，是」。

案之猶所也，例詳清吳昌瑩經詞衍釋九，盧說非。劉子薦賢篇：「宇宙爲宅，非一賢所治」。明沈津百家類纂本所作之，亦之、所同義之證。

山中人不信有魚大如木，

案記纂淵海五四引此上更有「釋氏戒世人，不可以耳目不及，便爲虚誕。如」十七字。

漢武不信弦膠，魏文不信火布。

案記纂淵海引漢武下、魏文下，並有帝字。

昔在江南，

案宋永亨搜采異聞録二引法苑珠林作「吳人身在江南」。「吳人」與上「胡人」對言。

不信有二萬斛船。

案記纂淵海引作「不信有萬斛舟舡」。搜采異聞録引法苑珠林作「不信有二萬碩船」。碩與石同。

項橐、顔回之短折，

案淮南子説林篇：「項託使嬰兒矜，以類相慕」。（高誘注：「項託年七歲，窮難孔子，而爲之作師」）。新序雜事第五：「秦項託，七歲爲聖人師」。論衡實知篇：「夫項託年七歲，教孔子」。橐、託古通。天中記二五引圖經：「橐，魯人，十歲而亡。時人尸而祝之，號小兒神」。弘明集一正誣論：「顔、項夙夭」。抱朴子微旨篇：「愚人以項託、伯牛輩，謂天地之不能辨臧否」。嵇由二人短夭也。論語雍也篇：「有顔回者好學；不遷怒，不貳過，不幸短命死矣！」淮南子精神篇：「顔淵夭死」。史記伯夷列傳：「且七十子之徒，仲尼獨薦顔淵爲好學；然回也屢空，糟糠不厭，而卒蚤夭」。

顏淵卒年，舊有十八、三十二兩說，孔子家語弟子解：「顏回三十一早死」。三十一乃三十二之誤，景宋本世說新語汰侈篇、文選劉孝標辯命論注、史記仲尼弟子列傳索隱、事文類聚前集五一、合璧事類前集六三引家語皆作三十二，是也。列子力命篇：「顏淵之才，不出衆人之下，而壽四八」。（盧重玄本、世德堂本、道藏白文本、江遹本、高守元本並同）。四八亦謂三十二也。記纂淵海八七引列子四八作三十，蓋舉大數言之；五八引列子四八作十八，（影宋本、道藏林希逸本、元本亦皆作十八）。天中記三九引同。淮南子精神篇高誘注亦云：「顏淵十八而卒」。至如天中記三九引論衡：「俗傳顏淵年十八，升太山，見吳昌門外有係白馬」。（今本論衡書虛篇無「年十八」三字）。後漢書郎顗傳：「昔顏子十八，天下歸仁」。亦並言十八，惟未可遽斷爲卒年耳。（據論衡書虛篇云云，下文稱孔子與顏回「俱下，下而顏回髮白齒落，遂以病死」。則「十八」當爲卒年）。

原憲、伯夷之凍餒，

案莊子讓王篇：「原憲居魯，環堵之室，茨以生草。蓬戶不完，桑以爲樞。而甕牖二室，褐以爲塞，上漏下溼，匡坐而弦。子貢乘大馬，中紺而表素。軒車不容巷，往見原憲。原憲華冠縰履，杖藜而應門。子貢曰：『嘻！先生何病？』原憲應之曰：『憲聞之，無財謂之貧，學而不能行謂之病。今憲貧也，非病也』」。（又見史記仲尼弟子列傳、新序節士篇、世說新語言語篇注引家語、御覽四百二引子思子）。又同篇：「昔周之興，有士二人，處於孤竹。曰伯夷、叔齊，（中略）。二子北至於首陽之山，遂餓而死焉」。（又見呂氏春秋誠廉篇）。

盜跖、莊蹻之福壽，

案史記游俠列傳：「跖、蹻暴戾，其徒誦義無窮」。論衡命義篇：「行惡者禍隨而至，而盜跖、莊蹻，橫行天下，聚黨數千，攻奪人物，斷斬人身，無道甚矣！宜遇其禍，乃以壽終。夫如是，隨命之說，安所驗乎？」韓非子喻老篇：「楚莊王欲伐越，杜子諫曰：『（中略）莊蹻爲盜於境內，而吏不能禁，此政之亂也』」。史記西南夷列傳索隱：「蹻，楚莊王弟，爲盜者」。又案呂氏春秋介立篇：「莊蹻之暴郢也」。高誘注：「莊蹻，楚威王時之大盜」。（與注淮南子主術篇說同，見盧文弨補注引）。

開闢已來，不善人多而善人少，何由悉責其精絜乎？

案劉孝標辯命論：「天下善人少惡人多」。劉子傷讒篇：「代之善人少而惡人多」。王本、百子本絜並作潔。

一披法服，

盧文弨云：「廣弘明集披作被，是」。

案披、被古通，（已詳勉學篇）。盧說非。

失國賦算，

案王本、百子本失並作空。

猶老少朝夕尒。世有神魂，

案王本、百子本猶上並有似字，(蓋涉上文「似不相屬」而衍)。「神魂」二字並倒。

以爲來世津梁。

周法高云：「廣弘明集『津梁』作『資糧』。」

案淮南子本經篇：「瑶光者，資糧萬物者也」。(又見文子下德篇)。

含生之徒，

案王本含字同，百子本誤舍。

江陵劉氏，以賣鱔羹爲業。後生一兒，頭俱是鱔，自頸已下，方爲人尒。

趙曦明云：「頸，宋本作脛，訛」。

案顏本、程本、王本、百子本鱔皆作觛，頭下皆無俱字，天中記五六引同。岷所據影宋本頸字不誤。王本、百子本已並作以。

投醒而覺體痒，

案王本、百子本投並作稍。

輒截手掔，

案顏本、程本、王本、百子本掔皆作腕。

每見羣魚齧之而死。

案顏本、程本、王本、百子本此下皆有「世有癡人」云云一段，影宋本在涉務篇末，已仍其舊，斠注於彼篇。

書證第十七

爾雅云：「荇，接余也。」

案王本、百子本接並作菨。

亦可笑之甚。

案天中記四六引作「亦可笑矣」。

此乃蘵黃蒢也。

案王本、百子本蘵並作識。

傳曰：「杕，獨貌也。」

案顏本、程本、王本貌並作皃，下同。（百子本作見，下文作皃，並皃之形誤）。貌，籀文皃字。

「駉頌既美僖公牧于駉野之事，何限騲騭乎？」

案王本、百子本「駉野」並作「坰野」。顏本騲下有注云：「音草，牝馬也」。

月令云，

案王本月上有禮字。

但呼爲旱蒲，

案王本、百子本旱並作早。

講禮者乃以爲馬莧。馬莧堪食，

案王本、百子本並不疊「馬莧」二字。

俊晤善體物，

案王本、百子本晤並作悟，古通。

其伯父縚因呼爲荔挺法師。

案王本、百子本縚上並有劉字。

恐爲少誤。

案王本、百子本爲並作有，義同。

然後敢渡。

案王本、百子本並脫敢字。

痁，有熱瘧也。

案王本瘧作虐，下「痎瘧」亦作虐。

本是閒日一發，漸加重乎！

案說文觳傳十四引作「初二日一發，漸加至一日一發也」。蓋引大意。

疥癬小疾，何足可論？

案說文觳傳引作「豈有疥癬小疾，諸侯問之乎？」蓋亦引大意。

尚書曰：「惟景響。」

案王本、百子本景並作影，下引周禮、孟子、莊子皆同。

莊子云：「罔兩問景。」

盧文弨云：「見齊物論」。

案又見寓言篇。

故即爲景。

案王本、百子本即下並有謂字。

論語曰：「衞靈公問陳於孔子。」

案見衞靈公篇。

按諸陳隊，

案王本、百子本隊並作字。

所以江南詩古本皆爲叢聚之叢,

案王本、百子本「叢聚之叢」,並作「菆聚之菆」。

音爲徂會反? 又音祖會反。

案顏本、程本、王本、百子本皆無「又音祖會反」五字。

又狙會反。

案王本、百子本狙並作祖。

益誠可笑。

趙曦明本誠作成,云:「本皆作誠,譌,今改正」。盧文弨從之。案誠、成古通,(詩小雅我行其野:「成不以富」。論語顏淵篇成作誠,卽其比)。無煩改字。

南方以晉家渡江後,

案王本、百子本並無家字。

以雌黃改宵爲肎。

案王本、百子本宵下並有字字。

紫色蠅聲,

案王本、百子本䵷並作蛙，下同。

而復紫色䵷聲。

案王本、百子本並無而字。

簡策字竹下施束，末代隸書，似杞宋之宋。亦有竹下遂爲夾者，

案莊子馬蹄篇：「前有橛飾之患，而後有鞭筴之威」。（文選司馬相如上書諫獵一首注、一切經音義八四、御覽三五九、八九六、記纂淵海六一，引筴皆作策）。此正所謂竹下爲夾者也。

裴、徐、鄒皆以悉字音述，

案岷所據影宋本裴字不誤。王本、百子本裴字並闕。

趙曦明云：「裴，俗本脱，宋本作衺，亦誤」。

亦可以亥爲豕字音，

案呂氏春秋察傳篇：「子夏之晉，過衞，有讀史記者，曰：『晉師三豕涉河』。子夏曰：『非也，是己亥也。夫己與三相近，亥與豕相似』。至於晉而問之，則曰：『晉師己亥涉河也』」。風俗通正失篇：『『晉師己亥渡河』，有『三豕』之文，非夫大聖至明，孰能原析之乎！』

而皇甫謐云：「伏羲，或謂之宓羲。」

案御覽七八引帝王世紀作「或謂之密犧」。下有注云：「一解云：宓，古伏字。後誤以宓爲密，故號

曰「密犧」。(鮑刻本宓並作虙)。又引易坤靈圖、易通卦驗並作宓犧。(鮑刻本宓亦作虙)。

孔子弟子虙子賤，爲單父宰，卽虙羲之後，俗字亦爲宓？或復加山。

案虙子賤，史記仲尼弟子列傳、說苑政理篇、家語屈節解虙並作宓；淮南子齊俗篇作密(宋本、道藏本、朱東光本、茅一桂本皆同。漢魏叢書本改作宓，莊逵吉本從之，是也。梁玉繩史記志疑二八謂「道藏本是宓字」。失檢)。單父，呂氏春秋具備篇、淮南子道應篇、泰族篇並作亶父，單，亶古通(治要引淮南子亶作單)。

舊單父地也。

案史記仲尼弟子列傳正義引單父下有縣字。

誤以爲宓，較可知矣。

案史記正義引無以字，知作明。

從，牛子。

案古詩紀前集十引子下有也字。

應邵風俗通云，

案王本、百子本邵並作劭。下引風俗通文，見聲音篇。

聞其家堂客有擊筑，

案顏本、程本、王本、百子本皆作「聞其家堂上有客擊筑」。今本風俗通作「聞其家堂上客擊筑」。史記刺客列傳同。

今史記竝作俳佪，

案王本、百子本「俳佪」並作「徘徊」。

皆明壹之。

案王本、百子本「明壹」二字並倒。

皆□刻辭焉。

案王本、百子本並不空格。

刻此詔左使無疑。

案百子本詔下有於字。

恐爲誤也。

案王本、百子本並無也字。

按桓帝加元服，

案王本、百子本按並誤校，王本因以校字屬上絕句，非也。

爲四姓。

案文選任彥昇爲范尚書讓吏部封侯第一表注引爲上有是字。

鱣魚大如五斗匳，

周法高云：「御覽(九三七)引斗作升」。

案升，俗升字。斗，隸書作升，與升形近，故誤爲升耳。御覽引匳作奩，同。

況三乎？

案王本、百子本三下並有頭字，是也。

續漢書及搜神記，

周法高云：「御覽書作記」。

案御覽引書作記，乃涉下記字而誤，不足據。

及韓非、說苑皆曰：「鱣似虵，蠶似蠋。」

案韓非子內儲說上七術篇：「鱣似虵，蠶似蠋。人見虵則驚駭、見蠋則毛起。然而婦人拾蠶，而漁者握鱣」。

後漢書楊由傳云：「風吹削肺。」此是削札牘之柿耳。

案王本、百子本肺並作胇，柿並作柹，下同。

王褒僮約曰，

案王本、百子本僮並作童。

俗本因是悉作脯腊之脯？或爲反哺之哺字。

案王本、百子本並無「因是」二字，又並無字字。

鹽豉蒜果共一筩。

案天中記六四引果作顆，下同。

果當作魏顆之顆，北土通呼物一由，改爲一顆。

案天中記引作「顆當音魏顆之顆，北土通呼物一叚爲一顆」。（與御覽九七七引同）。叚乃改之誤，

上又脱由字也。

故陳思王鷂雀賦曰：「頭如果蒜，目似擘椒」。

案天中記引「陳思王鷂雀賦」，作「陳王雀鷂賦」，「果蒜」作「蒜顆」。程本闕擘字，王本、百子本擘

並作花。

言鹽與蒜共一苞裹。

案王本、百子本「一苞」並作「苞一」。

是何字也？

案王本、百子本並無是字。

此字皆無音訓。

案王本、百子本皆並作更。

俗閒又有𨤲𨤲(音沓)語，蓋無所不見，無所不容之意也。

趙曦明云：「宋本『𨤲𨤲』之下，語字之上，是『音沓』二大字，今本改作小字，各本無」。案岷所據重雕影宋本「音沓」乃夾行二小字。王本、百子本並無「音沓」二字，又見並作施。釋名釋姿容「容，用也」。

又疑丈當爲大，

案程本、王本、百子本爲並作作。

吹當作炊煑之炊。

案吹、炊古通，莊子逍遙遊篇：「生物之以息相吹也」。釋文：「吹，崔(譔)本作炊」。在宥篇：「從容無爲，而萬物炊累焉」。釋文：「炊，本或作吹，同」。荀子仲尼篇：「可炊而傹也」，楊倞注：「炊與吹同」。皆其證。

牡，所以止扉也。

案顏本、程本、王本、百子本皆無牡字，王本、百子本並無也字。

聲類作扊扅。

案王本、百子本並無㾁字。

通俗反音甚會近俗。

案王本、百子本會並作爲。

列仙傳劉向所造，而贊云：「七十四人出佛經。」

案弘明集二宋宗炳明佛論：「劉向列仙敍：七十四人在佛經」。（弘明集十一宋釋法明答李交州書引明佛論同）。弘明集後序：「案漢元之世，劉向序仙云：七十四人出在佛經」。廣弘明集十一釋法琳對傅奕廢佛僧事引劉向列仙傳云：「吾搜檢藏書，緬尋太史，創撰列仙圖，自黄帝已下六代，迄到于今，得仙道者七百餘人。向檢虚實，定得一百四十六人。又云：其七十四人，已見佛經矣」。

故以祠代鴲字。

案王本、百子本並無鴲字。

故以金傍作隺代鑊字。

案顔本、程本、王本、百子本隺並作霍。

木傍作鬼爲魁字。

案王本、百子本魁並作槐。

即陸璣所謂「聚藻葉如蓬」者也。

周法高云：「御覽（九九九）聚作蘊」。

案王本、百子本璣並作機。御覽引聚作蘊，蓋涉下文「蘊藻之類」而誤。

張儆因造系旁畏尒。

案王本、百子本系並作絲。

余嘗爲趙州佐，

趙曦明云：「余，宋本作尒，誤」。

案帳所據重雕影宋本余字不誤。王本、百子本亦並作余。

銘云：「土有嚾務，王喬所仙」。

案「土有嚾務」，王本、百子本並作「土有嚾務山」。士乃土之誤。說文繫傳十八引作「土有權䅩」，「權䅩」乃「嚾敄㞢」之誤，（繫傳在說文敄㞢字下，則䅩本作㞢可知。又繫傳引仙作僊，僊、仙古、今字）。

務字依諸字書，

案王本、百子本字並誤子。

因云：「權務之精。」

案王本、百子本「因云」並作曰。

一夜何故五更？

案宋王德臣麈史下占驗門引「何故」作「何名」。

斗柄夕則指寅，曉則指午矣。

案麈史引作「斗柄在寅中，曉則午中矣」。

凡歷五辰。

案麈史引辰下有也字。

當是前世有姓郭而病禿者，滑稽調戲，

案事文類聚前集四三引此文同。王本、百子本「前世」並作「前代人」，「調戲」二字並倒。

說文所明，

案王本、百子本明並作言。

主人拊掌大笑，

案王本、百子本拊並作撫。後漢書方術左慈傳：「操大拊掌笑」。

先儒尚得改文從意，

案王本、百子本改並作臨。

此導訓擇，光武詔云，

案說文繫傳三六引作「導，擇禾也。故光武詔曰」。

而說文云：「導，是禾名。」引封禪書爲證。

案說文繫傳引云下作「導，禾名。乃引封禪書『導一莖六穗於庖，犧雙觡共抵之獸』爲證」。

不足憑信。

案說文繫傳引憑作馮。(馮、憑古今字)。並云：「臣鍇以爲導訓擇治，乃從寸。故漢書有導官，字不從禾也。相如云：『䆃一莖六穗於庖』，猶言此禾也，則有一莖六穗在庖。此犧也，則有雙觡共抵之獸。雖今之作者，對屬之當，何以過此！況在古乎？上句末有『於庖』字，乃云『禾一莖六穗於庖』。下句末有『之獸』字，所以云『犧雙觡共抵之獸』。猶言殺此雙觡共抵之獸，交互對之尒。若依之推云『導，擇也』。則是『擇一莖六穗於庖，麟雙觡共抵之獸』，非徒鄙陋，乃不成文，豈相和之意哉！屬對允愜，文字相避，近自陳、隋尒。封禪書又云：『招翠黃乘龍於沼，鬼神按靈圉賓於閒館。(乘下舊脫龍字，圉舊誤囿)』。如此者不可勝數，豈鄙拙乎？」

互有同異。

案王本、百子本互並作各。

考校是非，

案卷子本玉篇言部：「劉向別錄：『讎挍中經』。野王案，謂考挍之也」。(又見一切經音義七七)。挍，俗校字。

揖下無耳。

案王本下作右。

奮奪從藿。

案莊子外物篇：「鵞揚而奮鬐」。日本高山寺舊鈔卷子本奮作奞，奞蓋奮之誤。史記孝文本紀：「諸呂所奪齊、楚故地」，日本狩野亨吉舊藏古鈔本奪作寯，寯蓋奪之誤，即此所謂「奮奪從藿」也。

席中加帶。

案莊子寓言篇：「其往也，舍者迎將，其家公執席，妻執巾櫛，舍者避席，煬者避竈。其反也，舍者與之爭席矣」。三席字日本舊鈔卷子本皆作㡤。

惡上安西。

案莊子庚桑楚篇：「若是而萬惡至者，皆天也」。日本舊鈔卷子本惡作悪。

鼓外設皮。

案本篇上文「鼓，一鼓、二鼓、三鼓、四鼓、五鼓」。顏本、程本、王本、百子本鼓皆作皷，存六朝俗體之舊。

鑿頭生毁。

案韓非子外儲說左上篇：「妻子因毁新，令如故袴」。影宋本御覽六九五引作「妻因鑿新袴爲孔效之」。

淮南子說林篇:「毀瀆而止水」。意林引毀作鑿。兩毀字並鑿之誤,鑿,俗書作鑿,因誤爲毀,即此所謂「鑿頭生毀」也。

離則配禹。

案莊子外物篇:「任公子得若魚,離而腊之」。日本舊鈔卷子本離作離。

巫混經旁。

案管子小筐篇:「握粟而筮者屢中」。宋本、朱東光本筮並作筮,(見戴望校正)。史記褚少孫續張丞相列傳:「誣以夫人賊殺婢」。日本滋賀縣石山寺藏古鈔本誣作誣。劉子辨樂篇:「顓頊曰五莖」。敦煌本莖作筮,亦此類也。

獵化爲獦。寵變成寵。

案老子十二章:「馳騁田獵,令人心發狂」。十三章:「寵辱若驚」。敦煌本(伯目二五八四)獵作獦,寵作寵。

業左益片。

趙曦明云:「諸本作『益土』」。

嚴式誨云:「宋本作片不誤」。

周法高云:「諸本片皆作土,不知嚴氏何所據而云然」。

案岷所據重雕影宋本亦作片。王本、百子本片字並空格。

皆取會流俗，不足以形聲論也。

案鍾嶸詩品序：「故云會於流俗」。王本、百子本論下並有之字。

音辭第十八

其言大備。然皆考名物之同異，不顯聲讀之是非。

案王本、百子本言並作書，非下並有也字。

加以內言、外言，

案王本、百子本並作「外言、內言」。

孫叔言創爾雅音義，是漢末人獨知反語。

案叔言本作叔然，上文多言字，故然誤爲言耳。史記張耳陳餘列傳：「吾王孱王也」。索隱：「案服虔音鉏閑反」。亦服虔已有反語之證。

推而量之，

周法高云：「推，續家訓作摧」。

案摧乃推之誤。王本、百子本推並作權。葢臆改。推與確同。

得其質直，其辭多古語。

案淮南子原道篇:「質直皓白」。抱朴子內篇明本:「擒華騁艷,質直所不尙」。鍾嶸詩品中評陶潛詩:「世歎其質直」。評應璩詩:「善爲古語」。

以石爲射,

案淮南子兵略篇:「合戰必立矢射之所及」。王念孫雜志云:「『矢射』當爲『矢石』,聲之誤也。意林引此正作『矢石』。劉晝新論兵術篇同」。此所謂「以石爲射」也。

吾家子女,

案王本、百子本並作「吾見兒女」。

劉昌宗周官音讀乘若承。

案莊子逍遙遊篇:「乘雲氣」。文選謝靈運七月七日夜詠牛女詩注引乘作承,讓王篇:「乘以玉輿」。日本舊鈔卷子本乘作承(書鈔一五八、御覽五四引並同)。並乘、承同音通用之例。

東郭牙望見桓公口開而不閉。

案王本、百子本並無見字。

甫者,男子之美稱。古書多假借爲父字。

案莊子讓王篇:「大王亶父居邠」,詩大雅緜正義引父作甫,(尙書大傳略說、家語好生篇並同)。亦父、甫通用之例。

案諸字書，焉者鳥名。
案王本、百子本者並作字，涉上字字而誤。
莊子云：「天邪、地邪？」
盧文弨云：「當作『父邪、母邪？』見大宗師篇」。
案此疑是莊子佚文，不必改從大宗師篇。
下方列德以折之尒。
案王本、百子本列並作刻，蓋劾字之誤。
外無良師友故尒。
案王本、百子本良並作賢。
比世有人，
案王本、百子本比並誤北。
非唯音韻舛錯，
案楚辭九歎惜賢：「情舛錯以曼憂」。

雜藝第十九

舉世惟知其書，

案王本、百子本惟並作唯，同。事文類聚別集十二引此亦作唯。

蕭子雲每歎曰：「吾著齊書，勒成一典，文章弘義，自謂可觀；唯以筆迹得名，亦異事也。」

案御覽七四九引三國典略：「蕭子雲，齊豫章文獻王之子，有文學，工草書，與兄子顯、子昭齊名」。

梁武祕閣散逸以來，

案王本、百子本武並作氏。

莫不得羲之之逸體。

案王本、百子本並無逸字。

邵陵王頗行僞字，

舊注：「一本注『前上爲草，能傍作長之類是也』」。

案王本、百子本並以注十二字爲正文。

逐便轉移。

案王本、百子本逐並誤遂。

唯有姚元標，工於草隸。

案王本、百子本案摽並作標，草並作楷。

後生頗爲所誤也。

趙曦明云：「生，翻宋本誤作人」。

周法高云：「鮑本作人」。

案岷所據重雕影宋本生字不誤。王本、百子本生字並同。

翫古知今，

案王本、百子本並作「翫閲古今」。

今人生疑於卜。

案王本、百子本「生疑」並同。

多不稱泰。

案百子本稱作通。

變玉歷，

案顏本、程本並作「玉燮玉曆」。王本、百子本並作「玉燮玉歷」。曆，俗歷字。

拘而多忌，亦無益也。

案司馬談論六家要指云：「嘗竊觀陰陽之術，大祥而衆忌諱，使人拘而多畏」。(漢書司馬遷傳祥作詳，古通)。

仕至南康太守。

案王本、百子本仕並作位。

王肅、葛洪、陶侃之徒，不許目觀手執，此並勤篤之志也。

案抱朴子自敍篇：「洪體鈍性駑，寡所玩好。(中略)見人博戲，了不目盻(御覽七五三引作「曾不目眄」，盻乃眄之誤。說文「眄，一曰衺視也」)；或強牽引觀之，殊不入神，有至晝睡。是以至今不知棊局上有幾道，樗蒲齒名」。御覽七五三引晉中興書：「陶侃在荆州，見佐吏博弈戲具，投之於江，曰：『圍棊者，堯、舜以教愚子；博者，商紂所造；諸君並懷國器，何以爲此？』(注：一本『爲牧猪奴戲』。)」(又見藝文類聚七四。趙曦明注所引晉中興書，與藝文類聚同，與御覽略異)。晉書陶侃傳：「諸參佐或以談戲廢事者，乃命取其酒器蒲博之具，悉投之於江；吏將則加鞭朴，曰：樗蒲者，牧猪奴戲耳！」

圍棊有手談、坐隱之目，頗爲雅戲。

案藝文類聚七四引沈約棊品序：「支公以爲手談，王生謂之坐隱」。又引語林：「王中郎以圍棊是坐隱，支公以棊爲手談」。（御覽七五三亦引語林）。

古者實以小豆，爲其矢之躍也；今則唯欲其驍，益多益善。

趙曦明云：「西京雜記下：『武帝時，郭舍人善投壺，以竹爲矢，不用棘也。古之投壺，取中而不求還，郭舍人則激矢令還，一矢百餘反，謂之爲驍，言如博之竪梟於掌中而驍傑也。每爲武帝投壺，輒賜金帛』」。

案記纂淵海七七引爲作恐（事文類聚前集四二引爲字同）。「今則唯欲其驍，益多益善」。作「今則以躍爲貴，謂之驍」。引下文「蓮花驍」，驍亦作驕。趙氏引西京雜記「取中而不求還」下，尚有「故實小豆，惡其矢躍而出也」。十一字，可與此文印證，不當略引。

乃有倚竿、帶劍、狼壺、豹尾、龍首之名，

案御覽七百五十三引投壺變云：「古者投壺，擊鼓爲節，帶劍十二（注：入臉頰二帶，謂之帶劍），倚十八（注：倚並左右，爲狼尾狀），狼壺二十（注：令矢圓轉，周於壺口），劍驕七十（注：入帶劍還如後也）」。

置壺其外，

案記纂淵海引其作於，義同。

消愁釋憒，

案事文類聚前集四二引憒作憤，是也。憤、憒形近，往往相亂，莊子天運篇：「夫仁義憯然，乃憤吾心」。藝文類聚十七引憒作憒，王符潛夫論：「懷憂憒憒」，後漢書王符傳「憒憒」作「憤憤」，並其比。

終制第二十

死者，人之常分，不可免也。

案史記孟嘗君列傳：「生者必有死，物之必至也」。文帝本紀：「死者天地之理，物之自然者，奚甚可哀？」揚雄法言君子篇：「有生者必有死，自然之道也」。陶潛與子儼等疏：「天地賦命，生必有死，自古聖賢，誰能獨免！」金樓子終制篇：「夫有生必有死，達人恆分」。

已啓求揚都，欲營遷厝。蒙詔銀百兩，已於揚州小郊北地燒塼。

案王本、百子本啓上並無已字，塼並作磚，同。

播越他鄉，

案左昭二十六年傳：「茲不穀震盪播越，竄在荆蠻」。

故靦冒人閒，不敢墜失。

案靦與怏同，方言：「怏，慙也。荆、揚、青、徐之閒曰怏」。說文：「怏，青、徐謂慙曰怏」。「慙，媿也」。「靦冒人閒」，猶言慙媿冒昧於人閒耳。北史周文帝紀：「靦冒恩私，遂階榮寵」。

隨爲私記耳。

案王本、百子本並無耳字。

勿刳竭生資，

案刳借爲枯。

及七月半盂蘭盆，望於汝也。

案王本、百子本作「及盡忠信，不辱其親，所望於汝也」。

不可顧戀朽壞。

案列子湯問篇：「朽壤之上有菌芝者」。

附錄

北齊書文苑顏之推傳補注

大道寢而日隱，

案老子十八章：「大道廢，有仁義」。莊子齊物論篇：「道隱於小成」。

哀趙武之作孽，

案孟子公孫丑上篇、離婁上篇並引太甲云：「天作孽，猶可違」。(又見書僞古文太甲中篇)。

下無景而屬蹈，上有尋而亟搴。

案淮南子兵略篇：「山高尋雲霓，谿深肆無景」。(今有脫文，王念孫雜志有說)。晉書羊祜傳：「高山尋雲霓，深谷肆無景」。藝文類聚五五引梁元帝職貢圖序：「高山尋雲，深谷絕景」。

嗟飛蓬之日永，

案商子禁使篇：「今夫飛蓬遇飄風而行千里，乘風之勢也」。鍾嶸詩品序：「魂逐飛蓬」。

七十代之州壤。

案後漢書禮儀志注引莊子：「易姓而王，封於泰山，禪於梁父者七十有二代」。

每結思於江湖，將取弊於羅網。

案莊子山木篇：「夫豐狐文豹，（中略）雖飢渴隱約，猶且胥疏於江湖之上而求食焉，定也。然且不免於罔羅機辟之患，是何罪之有哉？其皮爲之災也」。

遂歷境於江潯。

案淮南子原道篇：「故雖游於江潯海裔」，高誘注：「潯，崖也」。文選郭景純江賦注引許愼注：「潯，水涯也」。（參看陶方琦淮南許注異同詁）。

譬欲秦而更楚，

案淮南子道應篇：「墨者有田鳩者，欲見秦惠王，約車申轅，留於秦，三（今本誤周）年不得見。客有言之楚王者，往見楚王，楚王甚悅之，予以節，使於秦，至，因見惠王而說之（今本有誤，王念孫雜志有說）。出舍，喟然而歎，告從者：吾留秦三年不得見，不識道之可以從楚也」。

冰夷風薄而雷呴，陽度山載而谷沈。

盧文弨注釋：「陽度疑陽侯之譌，初學記引博物志：『大波之神曰陽侯』。『山載』猶言『戴山』，古戴、戴字通」。

案莊子大宗師篇：「馮夷得之，以遊大川」。釋文引司馬彪注：「清泠傳曰：馮夷，華陰潼鄉堤首人也。服八石，得水仙，是爲河伯」。抱朴子釋鬼篇：「馮夷，華陰人。以八月上庚日度河溺死，天帝署爲河伯」。唐段成式酉陽雜俎十四：「河伯，人面，乘兩龍，一曰冰夷，一曰馮夷」。盧氏疑陽度爲陽侯之譌，是也。侯，本作矦，與度形近，故致誤耳。淮南子覽冥篇：「武王伐紂，渡于孟津，陽侯之波逆流而擊之(今本擊下脫之字)」。高誘注：「陽侯，陽陵(今本二字誤倒)國侯也。其國近水，溺死於水，其神能爲大波，有所傷害，因謂之陽侯之波也」。說山篇：「渡江河而言陽侯之波」。高注略同。漢書揚雄傳上：「陵陽侯之素波兮，豈吾纍之獨見許」。應劭注：「陽侯，古之諸侯也。有罪，自投江，其神爲大波」。

類斬蛟而赴深。

案呂氏春秋知分篇：「荆有次非者，得寶劍於干遂。還反涉江，至於中流，有兩蛟夾繞其船，次非謂舟人曰：『子嘗見兩蛟繞船，能兩活者乎？』船人曰：『未之見也』。次非攘臂袪衣，拔寶劍曰：『此江中之腐肉朽骨也，棄劍以全己，余奚愛焉！』於是赴江刺蛟，殺之而復上船。舟中之人皆得活」。(又見淮南子道應篇，「至於中流」下，有「陽侯之波」四字，與此上言陽侯尤合)。

惕險情之山水。

案劉子心隱篇：「凡人之心，險於山川，難知於天」。

用夷吾而治臻，昵狄牙而亂起。

案呂氏春秋貴公篇：「桓公行公，去私惡，用管子而爲五伯長」。管子戒篇：「桓公去易牙、豎刁、衞公子開方，五味不至。於是乎復反易牙，宮中亂」。

讎敵起於舟中，胡、越生於輦轂。

案史記吳起列傳：「〔魏〕武侯浮西河而下中流，顧而謂吳起曰：『美哉乎！山河之固，此魏國之寶也』。起對曰：『（中略）在德不在險。若君不修德，舟中之人，盡爲敵國也』」。史記司馬相如列傳：「今陛下好陵阻險，射猛獸，卒然遇軼材之獸，駭不存之地，（中略）是胡、越起於轂下，而羌、夷接軫也；豈不殆哉！」

據要路而問津。

案文選古詩：「何不策高足，先據要路津！」

鳥焚林而鎩翮，

案淮南子俶眞篇、覽冥篇並云：「飛鳥鎩翼」。御覽八二引覽冥篇高誘注：「鎩翼，殘翼」。（今本高注殘誤縱）。

愧無所而容身。

案史記信陵君列傳：「於是公子立自責，似若無所容者」。

遠絕聖而棄智。

案莊子胠篋篇：「故絕聖棄智，大盜乃止」。在宥篇：「故曰：絕聖棄智，而天下大治」。

舉世溺而欲拯，

案孟子離婁上篇：「天下溺，援之以道」。淮南子氾論篇高誘注：「拯，升也。出溺曰拯也」。

亡壽陵之故步，臨大行以逡巡。

盧文弨云：「莊子秋水篇：壽陵餘子學行於邯鄲，未得國能，又失其故行矣」。

案盧氏引莊子「未得國能」，國當作其，御覽三九四、記纂淵海五四所引並不誤。影宋本白帖二六、御覽三九四引「故行」並作「故步」，與此文合。曹操苦寒行：「北上太行山，艱哉何巍巍！」文選謝惠連雪賦注引廣雅：「逡巡，卻退也」。

而今而後，不敢怨天而泣麟也。

案史記孔子世家：「及西狩見麟，曰：『吾道窮矣！』喟然歎曰：『莫知我夫！』子貢曰：『何爲莫知子？』子曰：『不怨天，不尤人，下學而上達，知我者其天乎！』」

一九六一年五月四日脫稿於臺北慕廬。

補遺

兄弟第三

兄弟者，分形連氣之人也。

案後漢書陳寵傳：『夫父母於子，同氣異息，一體而分』。

後娶第四

王駿喪妻，亦謂人曰：『我不及曾參，子不如華、元。』

案漢書王吉傳注引韓詩外傳逸文：『曾參喪妻，不更娶。人問其故，曾子曰：「以華、元善人也」』。

風操第六

別易會難，古人所重。

案宋吳曾能改齋漫錄十六：『顏氏家訓曰：「別易會難，古人所重」。本文選陸士衡答賈謐詩云：「分索則易，攜手實難」』。

慕賢第七

古人云：『千載一聖，猶且暮也。五百年一賢，猶比髆也。』

案文選李少卿答蘇武書注引孟子曰：『千年一聖，五百年一賢。賢聖未出，其中必有命世者』。

勉學第八

以啓寤汝尒。

案說郛本啓作終。

少者不失詩、論。

案說郛本詩作經，恐非。

伎藝則沈思法術。

案說郛本沈作深。

射則不能穿札。

案說郛本則作既，

便自爲足，全忘修學。

舊注：「一本云：「便謂爲足，安能自苦」」。

案說郛本與一本同。

被褐而喪珠。

案說郛本被作披。

鹿獨戎馬之間。

案說郛本『鹿獨』作『孤獨』。

汝可不自勉邪？

案說郛本汝作安。

是猶求飽而嬾營饌。

案說郛本嬾作懶，俗。

文義習吏。

案說郛本吏作史。

逸樂名利者如秋荼。

案說郛本如作幾。

早刑時捨，

舊注：『一本作「晩舍」』。

案說郛本與一本同。

夫所以讀書學問，本欲開心明目。

案後漢書王常傳：『聞陛下即位河北，心開目明』。

以致甘輭。

案說郛本輭作腝。

不忘箴諫。

案說郛本箴作誠。

苶然沮喪，

案說郛本苶作薾，苶即薾之俗。

今世人讀書者，

舊注：『一本無今字』。

案說郛本亦無今字。

不必知稷早而黍穉也。

穉下舊注云：『一本作遲字』。

案說郛本稺亦作遲。

春玩其華。

案說郛本玩作翫。

不肎專於經業。

舊注：『一本作「專儒」。』

案說郛本亦作『不肯專儒』。

此四儒者，

舊注：『一本無此字』。

案說郛本亦無此字。

吾無閒焉。

案史記夏本紀正義引孝經鉤命決：『禹，吾無閒然矣』。

與諸博士爭宗廟事。

案說郛本爭作議。

娛心悅耳。

案史記李斯列傳：『娛心意，悅耳目』。司馬相如列傳：『所以娛耳目而樂心意』。

有一才學重臣，新得史記音。

趙曦明云：隋書經籍志：「史記音三卷。梁輕車都尉參軍鄒誕生撰」。

案司馬貞史記索隱序：『南齊輕車錄事鄒誕生作音義三卷。音則微殊，義乃更略』。索隱後序亦云：『南齊輕車錄事鄒誕生撰音義三卷。音則尚奇，義則罕說』。是鄒氏所著，有音兼義。非此所稱史記音，僅有音者矣。

文章第九

班固盜竊父史。

案意林五引〔楊泉〕物理論：「班固漢書，因父得成。遂沒不言彪，殊異馬遷也」。

名實第十

松柏偕茂者。

案詩小雅天保：『如松柏之茂』。

書證第十七

簡策字竹下施朿，末代隸書似杞、宋之宋。

案論語雍也篇：『將入門，策其馬』。日本正平本策作筞，正所謂『似杞、宋之宋』也。

古樂府歌百里奚詞曰：『百里奚，五羊皮。憶別時，烹伏雌，吹扊扅。今日富貴忘我爲！』

吹當作炊煑之炊。

趙曦明云：『樂府解題引風俗通：「百里奚爲秦相，堂上樂作，所賃澣婦自言知音，呼之搏髀援琴撫絃而歌者三。問之，乃其故妻。還爲夫婦也」。此所舉乃其首章』。

案樂府解題引風俗通云云，又見明馮惟訥古詩紀前集四，所載歌詞，吹並作炊，與顏氏說合。炊、吹正、假字。

列仙傳，劉向所造，而贊云：『七十四人出佛經。』

案隋杜臺卿玉燭寶典四：『漢成帝時，劉向刪列仙傳，得一百卌六人。其七十四人，已見佛經。餘七十二爲列仙傳』。（孫詒讓札迻卷十一列仙傳讚案語引此文，成帝誤武帝，卌作四十，並失原書之舊）。